Tanja Ehrhardt

Norwegische Waldkatzen

Tanja Ehrhardt

Norwegische Waldkatzen

Kauf · Haltung · Pflege

Mit 18 Abbildungen, davon 12 farbig

Verlag Paul Parey · Hamburg und Berlin

Weitere Bände in der Reihe „Deine Katze"

Abessinierkatzen · Birmakatzen · Burmakatzen · Coulourpointkatzen · Europäische Kurzhaarkatzen · Hauskatzen · Kartäuserkartzen · Maine-Coon-Katzen · Perserkatzen · Rexkatzen · Russisch-Blau-Katzen · Siamkatzen · Scottish-Fold-Katzen · Somalikatzen · Türkisch-Angora-Katzen · Türkische Van-Katzen

Die Deutsche Bibliothek – CIP-Einheitsaufnahme

Ehrhardt, Tanja:
Norwegische Waldkatzen : Kauf – Haltung – Pflege / Tanja Ehrhardt. –
Hamburg ; Berlin : Parey, 1993
(Deine Katze)
ISBN 3-490-04419-3

Anschriften: Spitalerstraße 12, D-20095 Hamburg; Seelbuschring 9–17, D-12105 Berlin
Satz: Westholsteinische Verlagsdruckerei Boyens & Co., Heide/Holst.
Druck: Druck- + Verlagshaus Wienand, Köln
Umschlaggestaltung: Heiser/Tsortanidis/Grafik/Design, Köln
Printed in Germany
ISBN 3-490-04419-3

Vorwort

Während dieses Buch entstand, habe ich nach und nach all die Leute vor mir gesehen, für die ich es schreiben wollte:

Die Tierfreunde, deren Herz auf der Suche nach einem passenden Vierbeiner bei der Norwegischen Waldkatze hängengeblieben ist. Die Hauskatzenbesitzer, denen eine Waldkatze vielleicht ihre Vorurteile gegen Rassekatzen nehmen konnte. Die spontan Begeisterten, die zufällig in eine Katzenausstellung geraten sind und sich plötzlich unsterblich in eine Waldkatze verliebt haben. Schließlich die langjährigen Waldkatzenbesitzer und -züchter, die meine Worte kritisch mit ihren Erfahrungen vergleichen werden.

Oft mußte ich eifrige Waldkatzenpfoten von den Tasten verjagen und feuchte Waldkatzennasen aus den Blättern des Manuskripts entfernen. Es waren natürlich Waldkatzenohren, denen ich die ersten Kapitel wieder und wieder vorlas.

Ich hatte eine samtpfötige Jury, und ich glaube, vor ihr hat mein Büchlein bestanden.

Nun erhoffe ich mir dasselbe von Ihnen.

Hünfelden, im Frühjahr 1993 Tanja Ehrhardt

Widmung

Special thanks to Sidsel and Arne Jahr, Christiania-Cattery, who never were too busy to answer my questions patiently.

Bildnachweis

Frontispiz S. 2 Foto/Züchterin: B. Kallbach; S. 11 Foto: T. B. Jensen, Züchterin: K. Eggum; S. 13 Foto: T. B. Jensen, Züchterin: E. Nylund; S. 16 Foto: Fam. Jahr, Züchterin: L. Ingboldsen; S. 19 Foto: Sonja Schild, Züchter: U. Jensen; S. 21 Foto: Traudi Hiemer, Züchter: A. Tasseron; S. 22 Foto/Züchterin: B. Kallbach; S. 23 Foto/Züchterin: Ch. Paul; S. 26 Foto oben: Kloos, Züchterin: T. Ehrhardt, Foto unten/Züchterin: S. Schild; S. 29 Foto/Züchterin: G. Klindt; S. 31 Foto: Petra Schumacher, Züchterin: T. Ehrhardt; S. 36 Foto/Züchterin: T. Hiemer; S. 37 Foto/Züchterin: Ch. Paul; S. 43 Foto: Sonja Schild, Züchterin: B. van der Ende; S. 47 Foto: Tanja Ehrhardt, Züchterin: M. Forsgren; S. 55 Foto: Züchterin: A. Andersson; S. 59 Foto: Christine Paul, Züchterin: S. Brødbaek.

Literatur

THIES, D., 1981: Katzen ausstellen

GERBER, B., 1984: Falken-Handbuch Katzen

Katzen extra 4/1986: Die Maine Coon Katze

EHRHARDT, T., Katzen – Magazin für Katzenfreunde Jan./Febr. 1989: Vom Waldschrat zum Showstar

LEHNE-KVECH, I., Ein Herz für Tiere, Juni 1989: Norwegische Waldkatze: Die Wilde im Wohnzimmer

SCHULTZ, H.-J., Katzen extra 2/1992: Die Sibirische Waldkatze

Inhalt

Der Anfang

Die Geschichte der Norwegischen Waldkatze begann in einer längst versunkenen Zeit, als die Menschen noch nicht für alles eine wissenschaftliche Erklärung hatten und die Welt von Göttern regiert wurde. Es waren mächtige Götter, die aber auch so menschliche Gefühle wie Liebe und Haß, Neid und Eifersucht und manchmal sogar Schwäche kannten. Von letzterer erzählt die Sage, nach der ausgerechnet der wegen seiner ungeheuren Stärke gefürchtete Gott Thor auf seiner Reise nach Jotunheimen einer Katze begegnete, die so gewaltig war, daß selbst er es nicht schaffte, sie hochzuheben.

Allerdings dürften Katzen solcher Ausmaße für den ungestümen Thor nichts Außergewöhnliches gewesen sein – seine Mutter Freya, Gemahlin des Göttervaters Wodan, pflegte ihren goldenen Himmelswagen für die allnächtliche Ausfahrt ebenfalls mit zwei Katzen zu bespannen.

Lange dachte niemand daran, diese alten Legenden aufzuschreiben. Über Jahrhunderte wurden sie von einer Generation zur anderen weitergegeben. Ihre Erzählung verkürzte den Menschen die langen nordischen Nächte und hielt die Götter und ihre „Troll- oder Zauberkatzen“ lebendig. Die ersten, die sich um die systematische Sammlung und schriftliche Niederlegung der Sagen und Märchen bemühten, waren der Volkskundler Peter Christen Asbjörnsen und der Dichter Jörgen Moe. Sie schufen um 1835 eine Sammlung norwegischer Volksmärchen und -lieder, die ihnen bis heute einen gewissen Ruhm und den Beinamen „die norwegischen Gebrüder Grimm“ eingebracht hat.

Nun unterscheiden sich Sagen und Märchen normalerweise darin, daß man in der Sage ein Körnchen Wahrheit, einen wahren Ursprung vermutet. Die Erwähnung der Trollkatzen mit buschigen Schwänzen ist zwar ein malerisches Indiz, tatsächlich aber ist man bei der Suche nach dem „irdischen“ Ursprung der Norwegischen Waldkatze weitgehend auf Vermutungen angewiesen.

Untersuchungen und Vergleiche haben ergeben, daß sie nicht mit der Europäischen Wildkatze verwandt ist – Typ und Fellqualität unterscheiden sich deutlich voneinander. So nimmt man an, daß etwa im 5. Jahrhundert n. Chr., nach dem Tode König Attilas und dem Zerfall des Hunnenreiches, einige Stämme von Mittel- und Osteuropa nach Skandinavien zogen. Mit ihnen kamen auch ihre samtpfotigen Mäusefänger, deren Hilfe beim Kampf gegen die lästigen Nager schon damals hoch geschätzt wurde.

Obwohl es sich um domestizierte Katzen handelte, waren sie noch lange nicht vom Menschen abhängig. Und so ist es durchaus denkbar, daß dann und wann einer dieser begabten Jäger den freiwilligen Dienst beim Menschen quittierte und sich in die Wildnis zurückzog, um seinem eigenen Lebensrhythmus zu folgen. Eine echte Überlebenschance aber hatten nur die Tiere, die es schafften, sich körperlich an das rauhe Klima Skandinaviens anzupassen. Hierbei stellte die Natur härteste Anforderungen: Die Katze mußte sowohl gegen klirrende Kälte als auch gegen durchdringende Nässe gewappnet sein, dabei durfte der Pelz sie aber niemals behindern und sollte sie bei Bedarf so perfekt wie möglich tarnen. Sie sollte sich im tiefen Schnee genauso gut bewegen können wie auf kargen Felsen, und schließlich würde sie sich auch gegen ihre natürlichen Feinde wie Fuchs oder Wolf behaupten müssen.

Jahrhundertelange Auslese und die sprichwörtliche Flexibilität, die allen Katzen eigen ist, lösten diese schwierige Aufgabe hervorragend: Der sogenannte „doppelte" Waldkatzenpelz hält mit leichter, aber dichter Unterwolle zuverlässig warm, während das glatte, leicht fettige und daher schwer herabfallende Deckhaar wasserabstoßend wie eine Ölhaut wirkt und keine Nässe an die Haut heranläßt. So können die Tiere die feuchten Sommer und schneereichen Winter ihrer Heimat ohne Erkältungen und Erfrierungen überstehen. Das eher zottig und bei optimaler Qualität geradezu „ungepflegt" wirkende Fell filzt kaum. Nur zum Frühjahr, wenn sich die dicke Unterwolle des Winters löst und in Flocken ausgeht, können sich vor allem in den Achseln und zwischen den Hinterbeinen Knötchen bilden. Während in menschlicher Obhut Kamm und Schere wieder für Ordnung sorgen, haben sich Norweger in freier Wildbahn wohl mit den eigenen Zähnen behelfen müssen – und das tun sie mitunter heute noch, wenn der menschliche „Friseur" nicht schnell genug eingreift.

Die Fellfarbe variiert von Region zu Region und schien sich der Umgebung anzupassen: In den Wäldern Ost- und Mittelnorwegens fanden sich vor allem gestromte Katzen mit und ohne Weiß, an den

Pjotr av Karibo, blausilbertabby mackerel, genannt „Pjokken". Er wurde am 17. 7. 76 geboren und machte mit seiner auffallenden Schwanzlänge schon früh Werbung für seine Rasse

grauen Felsküsten in Westnorwegen dagegen hatten die Waldkatzen meist schwarzes oder blaues Fell mit und ohne Weiß. Aus Südnorwegen kamen rote oder rot-schwarze Katzen, in schneereichen Gebieten benötigten die Tiere weißes oder grau-weißes Fell, um nicht aufzufallen. Interessant ist auch, daß die Katzen der Rentierlappen in der Finnmark durchweg einen etwas kürzeren, ziemlich dichten, plüschigen Pelz haben: Das Klima der norwegischen Finnmark ist im Durchschnitt zwar kälter, aber dafür wesentlich trockener als im Wald- und Fjordland Mittelnorwegens.

An den Pfoten entwickelten sich zwischen den Ballen lange, kräftige Haarbüschel, die sogenannten „Schneeschuhe", von denen man vermutet, daß sie das Einsinken in den Schnee verhindern sollten. Den Krallen einer Norwegischen Waldkatze sagt man nach, daß sie stärker seien als die der Europäischen Wildkatze – immerhin mußten sich auch Waldkatzen in felsigem, unwegsamem Gelände schnell und sicher bewegen können.

So ausgerüstet, lebten die meisten dieser von der Natur geformten Katzen ungestört, aber auch unbeachtet in den ausgedehnten Wäldern und abgelegenen Tälern Norwegens und Schwedens, wo man teilweise auch heute noch freilebende Tiere antreffen soll. Und tatsächlich gingen viele von ihnen den Weg, der ihre Vorfahren in die Wildnis geführt hatte, wieder zurück und ließen sich erneut auf den altbekannten Handel mit den Menschen ein: Die Waldkatzen hielten die Wald- und Fjordbauernhöfe frei von schmarotzenden Nagern und tauschten ihre Freiheit mit der Wärme der Ställe und einem Revier, das leichte Beute versprach.

Die Menschen schätzten diese Symbiose, und es war wieder ein Schriftsteller, der einer Waldkatze zu bleibendem Ruhm verhalf: Der Norweger Gabriel Scott veröffentlichte 1912 ein Kinderbuch mit Erzählungen über den Waldkater Sølvfaks. Sogar in Deutschland macht Sølvfaks unter dem Namen „Silberpelz“ Karriere.

Leider hatte die beginnende Domestikation auch eine Vermischung mit den dominanten Genen kurzhaariger Hauskatzen zur Folge, und der typische Waldkatzenpelz begann nach und nach zu verschwinden. Um das zu verhindern, startete eine kleine Gruppe norwegischer Züchter Anfang der dreißiger Jahre eine planmäßige Zucht. Noch vor dem Zweiten Weltkrieg wurde eine Waldkatze in Oslo ausgestellt, und nach dem Krieg verfolgten einige Liebhaber den Plan weiter, mit möglichst typvollen und rassereinen Tieren die Art zu erhalten.

Im September 1972 wurde die Waldkatze als eigenständige Rasse von den norwegischen Vereinen akzeptiert und erhielt einen vorläufigen Standard. Damit wurde die Bezeichnung „Norsk Skogkatt“ offiziell – sie bezieht sich nicht auf geographische Grenzen (schließlich kommen Waldkatzen auch in anderen skandinavischen Ländern vor) sondern auf das erste Land, das die Waldkatze als Rasse anerkannt hat. Zum Durchbruch kam es allerdings erst einige Jahre später:

Es begann 1973, als das Ehepaar Nylund Fotos von seinen Katzen machte und einer befreundeten Perserzüchterin ein Bild davon zeigte. Diese Züchterin, Sonja Borgel, erkannte, daß es sich bei den Tieren der Nylunds um Waldkatzen handelte. Sie gab ihre Entdeckung an Helen und Carl-Frederik Nordane (Vorstand des Norske Rasekattklubbers Riksforbund = NRR) und Edel Runas (NRR Zuchtausschuß) weiter. Die drei hatten gerade einen Aufruf an alle Halter von Norwegischen Waldkatzen veröffentlicht, die ihnen helfen sollten, die verbliebenen Tiere zu lokalisieren und auf ihre Zuchttauglichkeit zu prüfen, um die Rasse durch ein systematisches Zuchtprogramm zu retten.

Am 9. Oktober 1973 hatte der Aufruf Erfolg: Edel Runas meldete nach einem Besuch bei den Nylunds, daß dort tatsächlich

Waldkatzen lebten, mit denen eine planmäßige Zucht begonnen werden konnte.

Zuerst verpaarte man Pippa Skogpus, die Katze von Edel Runas, mit Pans Truls, dem Kater der Nylunds. Am 17. April 1974 kamen Pjewiks Forest Troll und Pjewiks Forest Nisse auf die Welt – sozusagen die „Stunde Null" der dokumentierten Waldkatzenzucht. Der im Mai 1973 geborene Pans Truls selbst hinterließ nur zwei Würfe – außer mit Pippa wurde er nur noch mit Pans Trulte „verheiratet". Sein schwarz-weißer Sohn Pans Silver, geboren im Frühjahr 1975, konnte dagegen auf zehn bis zwölf Würfe zurückblicken. Noch heute findet man ihn in vielen hiesigen Stammbäumen, denn einige seiner Nachfahren hatten ihren Weg nach Deutschland gefunden. Das Zuchtprogramm wurde mit Eifer und großem Engagement vorangetrieben, man kreuzte verschiedene Linien, und die Waldkatzen waren mit ihrer Nachzucht auf vielen Ausstellungen zu sehen. Während der Shows wurden die Tiere einem Zuchtausschuß vorgestellt, der allerdings streng selektierte und nur wenige Katzen zur Rasse anerkannte.

Im Jahr 1975 entstand die Idee, einen eigenen Interessenverband, den „Skogkattring", zu gründen. Auf die Initiative von Edel Runas, Familie Nylund und Egil Borchgreving hin gab Carl-Frederik Nordane seine bereitwillige Zustimmung zur Gründung dieser Interessengemeinschaft unter dem Patronat des NRR. Im Hause von Liv Loose fand dann die erste Versammlung des „Norsk Skogkattring" statt.

Pans Truls, der erste von der FIFe zur Rasse anerkannte Norwegische Waldkater im Alter von etwa drei Jahren

Die planvolle Zucht der nächsten Jahre wurde dadurch erschwert, daß es nur wenige anerkannte „Stammeseltern“ gab und so teilweise Inzucht unvermeidlich war. Schließlich mußten drei vollständige Generationen der „neuen“ Rasse nachweisbar sein, bevor der Antrag auf internationale Anerkennung der Norwegischen Waldkatze beim Dachverband FIFe (= Féderation internationale Féline) gestellt werden konnte! Im April 1977 gab es in Norwegen etwa 150 registrierte Norwegische Waldkatzen. Man empfing auf einer Ausstellung in Oslo eine deutsche Richterin, die von der Generalversammlung der FIFe beauftragt worden war, einen genauen Bericht über diese neue Rasse anzufertigen. Er sollte der FIFe-Richterkommission dabei helfen, über die Zukunft der Norwegischen Waldkatzen als Rasse zu entscheiden.

Es war ein denkwürdiger Tag im November 1977, als Carl-Frederick Nordane nach Paris zur Generalversammlung der FIFe reiste. Im Gepäck hatte er Fotos der Rasse, deren internationale Anerkennung er zu seinem persönlichen Anliegen gemacht hatte. Mit den Bildern dekorierte er einen Tisch, um den gestrengen Richtern die Norwegische Waldkatze so eindrucksvoll wie möglich vor Augen zu führen. In Oslo unterdessen wurden nach Kräften Daumen gedrückt und Fortuna beschworen. Es hat geholfen: Es war der braungestromt/weiße Pans Truls, der als erste Norwegische Waldkatze mit vollem Zertifikatsstatus (unter der Standardnummer 13 NF) anerkannt wurde. Im norwegischen Fernsehen erschien sein Bild während der Tagesschau mit dem Kommentar „Man hat beschlossen, die Norwegische Waldkatze als eigenständige Rasse anzuerkennen!“

Und ganz Norwegen freute sich mit.

Auch im Ausland wurde man aufmerksam auf die „Katze, die aus den Wäldern kam“. Nach der Anerkennung durch die FIFe waren aber nur Katzen ab der vierten Generation zum Export zugelassen, erst ab 1981 durften auch Jungtiere der zweiten Generation exportiert werden. Vorher mußte sie allerdings ein Zuchtausschuß beurteilen und freigeben. 1982 teilte man die Norwegerin zum Richten in vier große Farbkategorien ein: Agouti (gestromt, NF A), Non-Agouti (nicht gestromt, NF B), Agouti mit weiß (NF Aw) und Non-Agouti mit weiß (NF Bw). Dieser Buchstabencode entstammte dem Nummernsystem der FIFe und wurde so nur von Vereinen verwendet, die dieser Dachorganisation angeschlossen waren. Mit wachsender Popularität tauchte die Norwegische Waldkatze natürlich auch in den über zwanzig freien Katzenzuchtvereinen Deutschlands auf, und hier sah nicht nur ihre Standardnummer anders aus – hier wurde auch jede Farbe einzeln gerichtet, sogar aus den Zeichnungsformen (Classic = Räderzeichnung, Mackerel = Tigerzeichnung) entstanden eigene Klassen. Das ergab auch eine völlig andere Konkurrenzsituation: Unter den anfangs noch recht wenigen Waldkatzen, die vor allem bei den unabhängigen Vereinen zu Ausstellungen gemeldet wurden, gab es kaum zwei derselben Farbe, Zeichnung und Altersklasse, so daß sich die meisten ganz ohne „Nebenbuhler“ um ihre Siegeranwartschaften bewerben konnten.

Die vier großen Farbklassen, mit denen die FIFe-Vereine begonnen hatten, schafften dagegen andere Verhältnisse. Ob zum Beispiel rot-, blau-, silber- oder schwarzgestromt – alles fand sich, nur nach Altersstufen und Geschlecht getrennt, in derselben Klasse wieder, und so mußten schon bei den frühen Showauftritten der FIFe-Norweger mehrere Tiere für ihren „Punkt“ um die Gunst der Richter buhlen. Was aber in den Anfängen ein reizvoller Wettstreit war, führte in den letzten Jahren zu frustrierend großen Klassen, die kaum mehr eine realistische Hoffnung auf den angestrebten Titel zuließen. Daher setzte die FIFe Anfang 1992 ein neues System zur Farbeinteilung der Norwegischen Waldkatze in Kraft, das zwar nicht jede Farbe einzeln erfaßt, aber viel differenzierter vorgeht: Innerhalb der Farbgruppen von 1 (schwarz/blau) bis 9 (weiß) kennzeichnet eine Kombination von Buchstaben und Zahlen die genaue Farbe und Zeichnung.

Obwohl der Standard besagt, daß Typ und Fellqualität die primären Merkmale sind und Farbe und Zeichnung bei der Beurteilung erst in zweiter Linie zum Tragen kommen sollen, legen immer mehr Richter vor allem außerhalb der FIFe immer größeren Wert auf diese „Äußerlichkeiten“. Zudem verlangt in den unabhängigen Vereinen schon das System der Farbklassen vom Züchter exakte Farbangaben für seine Jungtiere, und das innerhalb der ersten vier bis acht Wochen. Im Ursprungsland Norwegen, aber auch in Schweden befürchtet man durch diese Betonung von Farbe und Zeichnung eine Verschiebung der erstrebenswerten Zuchtziele (typischer doppelter Waldkatzenpelz, schwerer Knochenbau) hin zu optischer „Kosmetik“ und hat für die Suche nach Waldkätzchen mit besonders kräftigen Farben und klaren Zeichnungsmustern kaum Verständnis.

Unabhängig von diesen unterschiedlichen Auffassungen erfreut sich die Norwegische Waldkatze in den letzten Jahren einer ständig wachsenden Beliebtheit. Nicht nur in Deutschland, auch in Nachbarländern wie der Schweiz, Frankreich, den Niederlanden und vor allem Dänemark ist sie längst kein unbeschriebenes Blatt mehr, und die Zahl der Züchter nimmt von Jahr zu Jahr zu. Die Norweger fehlen auf kaum einer Ausstellung, und das Urteil der Besucher bestätigt noch immer den Anspruch, den die Züchter der ersten Stunde an ihre Rasse hatten: „Die sieht ja aus wie eine Wildkatze!"

Gibt es ein schöneres Kompliment?

Waldkatzenportrait von 1979: Zara av Granly

So sieht sie aus

Der Standard

Typ	Kräftig, muskulös und geschmeidig, langer Körper, hochbeinig, die Hinterbeine höher als die Vorderbeine
Kopf	Dreieckig, lange Nase mit geradem Profil ohne Unterbrechung („Stop"), kräftiges Kinn
Augen	groß, offen; alle Farben erlaubt, wacher Ausdruck
Ohren	hoch, mit luchsartigen Haarpinseln, hoch am Kopf plaziert, so daß die äußere Linie der Ohren in gerader Linie über die Wangen hin zum Kinn verläuft
Fell	lang, das wollige Unterfell wird überdeckt von glänzenden, glatten und wasserabstoßenden Haaren, große Halskrause, im Dreieck von den Wangen herabfallender Bart, Knickerbocker-Hosen an den Hinterbeinen
Farbe	alle Farben sind zugelassen, auch in Kombination mit weiß
Schwanz	lang und sehr buschig
Nasenspiegel und Fußballen	analog zur Körperfarbe, bei Agouti ist der Nasenspiegel dunkel umrandet
Fehler	– Fell trocken, filzig – kurzer Schwanz – kurze Beine – Profil mit Stop – kurze Nase – runder oder viereckiger Kopf – kleine Ohren – zu großer Abstand zwischen den Ohren – fehlendes Deckhaar – zu schlanker und zierlicher Typ

Als ich meiner ersten Norwegischen Waldkatze auf einer Ausstellung begegnete, wirkte sie auf mich wie ein Naturkind, das versehentlich zwischen all den gebadeten, gepuderten und gezupften Katzenadel geraten sein mußte. Es war eine verwegen aussehende Braungestromte mit weißer Blesse und weißer Hemdbrust, die meine Blicke auf sich zog. Hätte mir damals jemand gesagt, daß dies die Farbe ist, die von den meisten Leuten für die „ursprüngliche" gehalten wird und die in der Gunst der Käufer ganz oben steht, wäre mir die Erklärung dafür nicht schwer gefallen: zusammen mit den Pinseln auf den Ohren (Luchs?), dem von Nacken und Wangen herabfallenden Kragen (Löwe?) und dem herrlich buschigen Schwanz (Fuchs!), beschwört dieser natürliche Tarnanzug, der in heimischen Wohnzimmern doch so extravagant wirken kann, unweigerlich Erinnerungen an freilebende Tiere einer Wildnis herauf, die es bei uns längst nicht mehr gibt. Um so verständlicher ist daher der Wunsch, sich so ein samtpfötiges Stück Natur nach Hause zu holen!

Tatsächlich sind bei der Norwegischen Waldkatze alle Farben anerkannt, einschließlich jeder Anteil von Weißscheckung. Aber anders als bei jahrzehntelang durchgezüchteten und auf Farbqualität selektierten Rassen findet man bei den Norwegern innerhalb der einzelnen Farben noch große Unterschiede: Bei den Braungestromten (im Fachjargon „Blacktabbies") zum Beispiel variiert der Grundton vom fahlen graubeige bis zum warmen Honigton, die Rotgestromten („Redtabbies") gibt es von blaß orange bis kupferrot, die Gruppe der Blauen zeigt sich von dunkelgrau bis taubenblau und die Silbernen können ebensogut von einer bräunlichen „Patina" befallen sein wie sie andererseits ein strahlend reines Weiß als Grundfarbe haben.

Natürlich sollte immer die kräftigste, reinste Färbung und Zeichnung angestrebt werden, aber erinnern wir uns – Typ und Fellqualität sind die primären Merkmale! Und hier zeigte es sich, daß bestimmte Farben wie Rot, seine Verdünnung Creme und Blau, eher ein trockeneres, weicheres Fell hervorrufen und manchmal sogar zu untypisch üppiger, plüschiger Unterwolle neigen. Den Silbervarianten wird ebenfalls ein weiches Fell bescheinigt, wobei die Smokes noch mehr betroffen sind als die Silbergestromten. Um diese unerwünschten Eigenschaften abzuschwächen oder ganz zu unterdrücken, werden bevorzugt Verpaarungen mit Farben vorgenommen, die normalerweise die beste Felltextur aufweisen – Schwarz und Braungestromt. So kommt es zu Farbkombinationen der Elterntiere, die den Farben der Jungtiere nicht

Die Internationale Championesse Skovtrolden's Anneke aus Dänemark hat eine besonders warme Grundfarbe, auf der die roten Flecken zurücktreten (schildpattgestromt mackerel)

immer förderlich sind, von denen man sich aber eine optimale Fellqualität erhofft. Die Weißscheckung, die ebenfalls bei allen Farben auftreten kann und darf, ist ein attraktives Tüpfelchen auf dem I der Waldkatzen-Farbpalette. Bis heute ist nicht vorgeschrieben, wieviel Weiß eine Waldkatze haben muß und wie die Weißverteilung auszusehen hat. Symmetrische Zeichnungen, die etwa einem Bi- oder Tricolormuster entsprechen, werden aber von den meisten Richtern am liebsten gesehen. Alle im folgenden beschriebenen Farben gibt es also auch mit Weiß – wobei der Weißanteil von einem Medaillon auf der Brust über weiße Lätzchen, Handschuhe und Stiefel bis zu einer fast weißen Katze mit einigen farbigen Flecken auf Ohren, Rücken oder Schwanz reichen kann. Zu den Einfarbigen zählt auch weiß.

Weiß. Es ist eine Art Deckmantel, unter dem sich genetisch alle anderen Farben befinden können, auch kombiniert mit Weißschekkung. Erst die Einsicht in den Stammbaum gibt Aufschluß darüber, welche Farben eine weiße Katze außer ihrem „Deckmantel“ möglicherweise vererbt. Weiße Waldkatzen gibt es sowohl mit blauen als auch mit nicht-blauen Augen, außerdem in der Variante, die ein blaues und ein andersfarbiges Auge besitzt und „odd-eyed“ genannt wird. Rasseunabhängig laufen weiße Katzen mit blauen Augen Gefahr, taub geboren zu werden, da das für die weiße Fellfarbe verantwortliche Gen gleichzeitig die Entwicklung eines Knöchelchens im Innenohr beeinflussen kann. Ein Fleck, den viele weiße Katzen als Jungtiere in der Farbe auf dem Kopf haben, die sie unter ihrem weißen Mantel tragen, wird als positiver Hinweis auf ein intaktes Hörvermögen gewertet.

Eine weiße Norwegische Waldkatze ist – auch aufgrund der möglichen Taubheit – bis heute eine umstrittene, in jedem Fall aber eine äußerst beeindruckende Erscheinung und meist ein rechter Augenschmaus. Wer die Mühe nicht scheut, ihr durch Baden und/oder Pudern das ausstellungsreife, strahlende Weiß zu erhalten und bei der Zucht sowohl das Gehör als auch das eventuell etwas weiche Fell im Auge behält, hat mit Sicherheit viel Freude an seiner weißen Norwegerin.

Eigentlich ist es unnötig zu erwähnen, daß die Farbe so rein wie möglich gewünscht wird, Nasenspiegel und Sohlen sind rosa.

Schwarz ist das natürliche Gegenstück. Für die Zucht hervorragend geeignet, da es meistens mit einer exzellenten Fellqualität einhergeht und fast alle anderen Farben optimal ergänzt. Eine schwarze Norwegi-

Int. Ch. Anveig av Skogalund ist eine eindrucksvolle Vertreterin der weißen Waldkatzen. Sie gehört zu der „Odd-eyed"-Varietät, die den Betrachter mit verschiedenfarbigen Augen (hier grün und blau) verblüfft

sche Waldkatze soll bis zu den Haarwurzeln durchgefärbt sein und weder Geisterzeichnung noch weiße Stichelhaare aufweisen. Nasenspiegel und Sohlen sind schwarz.

Blau sieht eher blaugrau aus und ist die verdünnte Form von Schwarz. Erwachsene blaue Waldkatzen sollten keine Geisterzeichnung mehr haben, sondern möglichst einheitlich gefärbt sein. Nasenspiegel und Sohlen sind blau.

Rot gibt es durch seine genetische Eigenschaft nur in der gestromten Form. Bei durchgezüchteten Rassen wie Persern ist es gelungen, die Stromung optisch so zu verdrängen, daß die Tiere einfarbig wirken. Waldkatzen, die erst in jüngster Zeit auch mit Blick auf die Farbqualität zur Zucht ausgewählt werden, präsentieren sich noch größtenteils in mehr oder weniger deutlicher Streifen- oder Räderzeichnung. Einfarbig aussehende rote Norweger entstehen eher zufällig. Immerhin existiert die theoretische Vorstellung einer optimalen einfarbig Roten: Ihr Fell sollte so tiefrot wie möglich sein und keine Schattierungen aufweisen. Nasenspiegel und Sohlen sind idealerweise ziegelrot.

Creme ist die Verdünnung von Rot, daher gilt das Obengesagte. Die ideale Cremefärbung ist ein zarter Pastellton ohne Schattierung, Nasenspiegel und Sohlen sind rosa.

Schildpatt nennt man die Kombination von roten und schwarzen Flecken, die entweder klein sind und ineinander übergehen, oder als große, abgegrenzte Farbplatten die Zweifarbigkeit (bzw. bei Weißscheckung Dreifarbigkeit) unterstreichen. Die Farbe Rot ist an das weibliche Geschlechtschromosom x gebunden, von dem Kater eines, Kätzinnen zwei besitzen. Tragen beide Geschlechtschromosomen der Kätzin die Anlage für Rot, ist sie es auch. Bei nur einem „roten" x entsteht Schildpatt, während Kater schon durch ein rotangelegtes x rot bzw. rotgestromt werden. Schildpatt ist also eine Farbe, die – bis auf ganz wenige genetische Ausnahmen – den Kätzinnen vorbehalten bleibt. Die Verteilung der roten Flecken ist nicht festgelegt, aber eine rote „Flamme" auf der Nase wird geschätzt. Auch hier soll das Rot kräftig und leuchtend sein. Nasenspiegel und Sohlen sind schwarz, rosa oder schwarz-rosa-gefleckt.

Bei Waldkatzen findet man Farbe und Zeichnung selten in dieser Vollkommenheit: Tegai no Tora's Elmer (redtabby classic/weiß)

Baltimoor's Pia-Pilar zeigt schon im Alter von nur fünf Monaten Zeichnung und Farbverteilung in Vollendung (schildpattgestromt classic/weiß)

Blaucreme heißt die Verdünnung von Schildpatt. Genetisch gilt das Obengesagte, Nasenspiegel und Sohlen sind blau, rosa oder blau-Rosagefleckt.

Smoke ist ein Effekt, der alle obengenannten Farben sozusagen „versilbert": Von der Haarwurzel an ist etwa ein Drittel des Haares nicht pigmentiert, also weiß. An allen Stellen, an denen kein Deckhaar die Unterwolle schützt, also an den Höschen der Hinterbeine, am Bauch und an der Halskrause, leuchtet das Weiß hervor und läßt herrliche Kontraste entstehen. Auch hier ist die Norwegische Waldkatze nicht soweit durchgezüchtet, daß alle Smokes gleich aussähen – der unpigmentierte Anteil des Haares variiert von Katze zu Katze, so daß zum Beispiel Blacksmokes fast schwarz, aber auch silbergrau wirken können. Nasenspiegel und Sohlen analog der Grundfarbe.

Gestromt gibt es die obigen Farben natürlich auch. Man unterscheidet Classic (Räderzeichnung), Mackerel (Tigerzeichnung) und Spotted (Tupfenzeichnung), wenngleich letztere selten gut ausgeprägt zu sehen ist – meistens handelt es sich um ein teilweise in Flecken aufgelöstes Mackerel. Die Voraussetzung für eine gute Stromung ist bei allen Formen ein möglichst starker, sauberer Kontrast zwischen der Grundfarbe und dem Zeichnungsmuster. Typisch für alle Gestromten ist das „M“ auf der Stirn und die zwei Linien auf jeder Wange. Die Beine werden von Ringen umschlossen, die mit der Zeichnung des Körpers zusammentreffen.

Die Classicform zeigt normalerweise die breitesten Streifen, die sich an den Seiten kreisförmig schließen. Die Mackerelzeichnung weist enge, schmalere Streifen auf, die senkrecht vom Rücken zum Bauch verlaufen, bei Spotted darf man einzelne Tupfen erwarten. Der Nasenspiegel ist bei allen gestromten Katzen dunkel umrandet – es sei denn, die Weißscheckung bezieht auch die Nase mit ein, dann ist die Umrandung unvollständig oder gar nicht vorhanden. Übrig bleibt in diesen Fällen eine rosa Nase. Bei den silbernen Varianten der Gestromten steht die farbige Zeichnung (also schwarze, blaue, rote oder cremefarbene Streifen) auf möglichst reinem Weiß. Bei den „Normalausgaben“ ohne das pigmenthemmende Silberungsgen ist die Grundfarbe unterschiedlicher: Braungestromte sollten idealerweise ein warmes Braun zeigen, Blaugestromte einen Elfenbeinton, Cremegestromte ein puderzartes Creme und Rotgestromte ein deutlich helleres Rot als das der Zeichnung.

Auch die Zweifarbigen, also Schildpatt- und Blaucreme-Katzen, können sich zusätzlich mit der Stromung schmücken. Sie wirken dann wie Braungestromte mit roten bzw. Blaugestromte mit cremefarbenen Flecken. Es verlangt dem Züchter einigen Ehrgeiz ab, sowohl die Zeichnung als auch die roten oder Creme-Flecken in gutem Kontrast zu präsentieren, und da die Farbzucht bei den Norwegern noch nicht bis ins Detail gediehen ist, sind die besten Ergebnisse vorerst reine Glücksache.

In jüngster Zeit machen auch bei den Norwegischen Waldkatzen die „Goldentabbies“, also die Goldgestromten von sich reden. Es handelt sich hierbei um einen Farbton, der aus Braungestromt hervorgegangen ist: Dessen braun-beige Grundfarbe wurde durch eine Laune der Natur und verstärkte Selektion nach und nach zu einem warmen Gold, und auch die Zeichnung wandelte sich von schwarz zu einer Dunkelbraun-

Nuance. Aufgrund des manchmal fließenden Übergangs von exzellenten Braungestromten zu den blasseren Varianten der Goldgestromten wurde diese Farbe nur sehr zögernd anerkannt und noch ist kaum ein Richter bereit, seine „goldene“ Wahl auf der Bühne mit den Konkurrenten der etablierten Farben messen zu lassen.

Die Norwegische Waldkatze ist eine mittelgroße (Kätzinnen) bis große (Kater) Erscheinung in der Katzenwelt. Sie sollte weder zerbrechlich noch fett wirken, sondern einen muskulösen Eindruck machen. Gerade in den skandinavischen Ländern legt man bei allem „Format“, das manchmal Kater, vor allem aber Kastraten beiderlei Geschlechts erreichen können, Wert auf Eleganz und Geschmeidigkeit.

Die Hinterbeine sollen deutlich, aber nicht unproportioniert länger sein als die Vorderbeine, der Schwanz ist ausreichend, wenn er bis zu den Schulterblättern reicht. Die Ohren sind richtig gesetzt, wenn man von ihren äußeren Rändern eine gerade Linie bis zum Kinn ziehen kann, so daß Ohrenspitzen und Kinnspitze ein gleichseitiges Dreieck bilden. Genau dieses Dreieck wurde in den letzten Jahren Gegenstand eher widersprüchlicher züchterischer Bemühungen: Verlängert man die Nase, ohne den Kopf auch in der Breite „mitwachsen“ zu lassen, so verformt man das gedachte Dreieck zu einem spitzen Winkel, der im Extremfall eher orientalisch wirkt und sich vom Waldkatzentyp entfernt. Sind die Ohren zu hoch angesetzt, sitzen sie völlig senkrecht auf dem Kopf und machen eine gerade Verbindung über ihre Außenlinien zum Kinn unmöglich. Das Ideal liegt also – wie überall – in einer ausgewogenen Komposition und niemals in der übertriebenen Ausbildung einzelner Körperteile.

Wie die eingangs beschriebene Farbpalette zeigt, hat die Norwegische Waldkatze viele Gesichter, und jedes von ihnen ist so verschieden, daß man auf Ausstellungen angesichts einer bunt gemischten Reihe von Norwegern oft den Ausruf vernimmt: „Was? Das sind auch Waldkatzen?“ In der Farbvielfalt der Norwegischen Waldkatze kann jeder Halblanghaar-Fan seinen Favoriten finden. Eines aber sollten sie alle gemeinsam haben: Den typischen schelmischen und hellwachen Gesichtsausdruck, der sie manchmal so seelenvoll blicken läßt und dann wieder die unbändige Lust an irgendeinem Schabernack verrät. Diesen Ausdruck haben wahrscheinlich nur zwei Wesen auf der Welt: Die Norwegische Waldkatze – und der norwegische Troll ...

Holgersson's Hannibal zeigt schon mit 6 Wochen das typische „Waschbär"-Gesicht eines Blacksmokes

Zarte Schale, robuster Kern: Calypso av Dovrefjell im bei Waldkatzen eher seltenen rotsilbergestromt mackerel

Waldkatze = Wildkatze?

Wer sein Heim mit Norwegischen Waldkatzen teilt, lebt unter Kobolden. Vierbeinig und langhaarig sind sie zwar, aber geübt in allen Streichen, die auch zweibeinigen Trollen einfallen würden: Sich verstecken (alle wichtigen Kleinigkeiten des Alltags dazu, vom Kugelschreiber bis zur Socke), Blumenerde umgraben oder Türen öffnen (vorzugsweise solche, die nach draußen, ins Schlafzimmer oder in die Speisekammer führen). Wenn es um das leckere Essen geht, das der naive Mensch für sich zubereitet, halten sich Waldkatzen selten mit Betteln auf – je nach Kinderstube greifen sie mit geübter Pfote ein, wenn ein auffordernder, durchdringender Blick keine Wirkung bei den schlemmenden Aufrechten zeigt.

Sie, lieber Waldkatzenfreund, fühlen sich dadurch nicht abgeschreckt und sind immer noch fest entschlossen, eine Norwegerin zu sich zu nehmen? Dann darf ich Ihnen zu Ihrem Entschluß gratulieren! Wer sich durch das „Leben", das eine Waldkatze unweigerlich ins Haus bringt, nicht gestört fühlt, wird durch ihre rückhaltlose, ungestüme Zärtlichkeit belohnt.

Die Norwegische Waldkatze liebt Menschen. Ihre grenzenlose Neugier läßt sie zumindest immer im selben Zimmer mit ihnen sein – eben da, wo „was los ist". Obwohl sie nachdrücklich darauf besteht, begrüßt zu werden, den Kopf unmißverständlich zum Kraulen hinhält und ein kleines Schwätzchen stets zu schätzen weiß, wird sie selten aufdringlich oder gar lästig. Ihre Stimme ist in der Regel ein halblauter, gurrender Singsang, der nur lauter wird, wenn das andere Geschlecht ruft.

Das manchmal so urwüchsige Aussehen der Norwegischen Waldkatze läßt viele Interessenten erst einmal vorsichtig fragen, ob man so einen Wildfang denn ausschließlich in der Wohnung halten könne? Man kann, denn der besagte Wildfang ist nicht temperamentvoller, als die meisten Hauskatzen auch. Außerdem sind Norweger erstaunlich flexibel – nach dem Motto „Platz ist in der kleinsten Hütte" (sofern man sich nicht gleich eine kätzische Großfamilie zulegen will) können sie sogar in eher kleinen Wohnungen problemlos gehalten werden.

Allerdings unter einer Voraussetzung: Als Nachfahre echter Waldbewohner reichen ihr die Niederungen des Fußbodens natürlich nicht – sie möchte höher hinaus. Klettern, balancieren und halsbrecherisch anmutende Sprünge liegen der Norwegischen Waldkatze im Blut. Es ist ihr Erbe, und ihr die Ausflüge auf Regale oder Schränke zu verbieten, wäre zwecklos. Man kann ihren Bewegungsdrang allerdings durchaus in akzeptable Bahnen lenken: Große, stabile Kratzbäume (je höher, desto besser) werden gern angenommen. Sicher wird sie deshalb nicht alle verlockenden Möbelstücke vergessen, aber oft verliert sie nach einer flüchtigen Inspektion das Interesse, wenn auf dem eigenen Hochsitz vielleicht auch noch eine gemütliche Schlafmulde oder -höhle zum Nickerchen einlädt. Sollten Sie Ihren Klettermax dann und wann doch zwischen zerbrechlichen Kostbarkeiten auf dem Regal ertappen, reagieren Sie am besten gar nicht. Bei allem Temperament sind Norweger nämlich äußerst trittsicher und sehr darauf bedacht, nirgendwo anzuecken. Wenn man es also über sich bringt, gelassen zu bleiben und die Katze weder aufscheuchen noch eigenhändig herunterholen will, passiert normalerweise gar nichts. Ich habe schon gesehen, wie eine Waldkatze fast schlafwandlerisch und ohne eine einzige Schramme zu hinterlassen über zwölf Kristallgläser gestiegen ist! Natürlich war sie sich ihrer zirkusreifen Leistung und der heldenhaften Selbstbeherrschung ihres Besitzers nicht im mindesten bewußt . . .

Aber beginnen wir von vorne, also mit dem Tag, an dem die junge Waldkatze ihr neues Heim erobert.

Sie ist zu diesem Zeitpunkt mindestens zwölf Wochen alt, sollte komplett gegen Katzenseuche und Katzenschnupfen geimpft sein und ein gesundes Interesse an der so plötzlich veränderten Umgebung haben. Wenn die kleine Norwegerin Ihre erste Katze ist, waren vorher noch einige Anschaffungen nötig: Die „Erstausstattung“ jeder Katze umfaßt Futter- und Wassernapf (möglichst flach und schwer), Toilettenkiste (gibt es mit und ohne Dach), Kratzbaum (für Waldkatzen mindestens mannshoch), einen Transportbehälter (Körbe sind formschöner, aber schlecht zu reinigen, sogenannte Kennel aus Kunststoff wären ideal, sehen aber nicht sehr hübsch aus) und, zum Vorbeugen und Gewöhnen, einen Kamm (am besten einen mit rotierenden Zinken, der wirklich nur das lose Haar auskämmt). Die Toilette ist das erste, was Sie Ihrem neuen Familienmitglied zeigen sollten. Wenn die Kleine nicht schon von selbst hineinklettert, setzen Sie sie ruhig auf das

Streu – auch wenn gerade kein dringendes „Geschäft" ansteht, muß sie wissen, wo das stille Örtchen zu finden ist.

Bei den weiteren Erkundungen können Sie das Waldkätzchen ruhig sich selbst überlassen. Kommt es aus einem Haushalt mit Kindern, ist es deren Lautstärke und Zugriffe gewohnt. Falls ihm Kinder noch unbekannt sind, versuchen Sie, Ihre vielleicht eigenen Sprößlinge wenigstens in den ersten Stunden von der Kleinen fernzuhalten und bringen Sie ihnen bei, wie man sich leise und langsam nähert. Ich weiß, das ist leicht gesagt – junge Katzen laden ja förmlich zum Anfassen und Knuddeln ein! Das Tierchen aber wird es Ihnen danken, denn die neue Umgebung ohne die vertrauten Mitkatzen ist schon aufregend genug.

Natürlich braucht nun die ganze Familie nicht tagelang auf Zehenspitzen zu gehen – wenn die Kleine ihre ersten Runden gedreht und alles ausgekundschaftet hat, wird Ihnen sicher bald ein steil aufgerichteter Katzenschwanz signalisieren, daß man es hier prima findet und womöglich Hunger hat. Vom Züchter wissen Sie, welches Futter das Waldkätzchen bisher bekommen hat, und gerade in den ersten Tagen sollte die gewohnte Kost beibehalten werden. In der aufregenden

Wehe, wenn sie losgelassen: Mephisto vom Mondkater (blacktabby mackerel/ weiß) auf der Pirsch

Situation der Eingewöhnung könnte es bei plötzlicher Futterumstellung zu Magenverstimmungen und Durchfällen kommen.

Spannend für alle Beteiligten wird es, wenn schon andere Tiere zur Familie gehören. Vor dem Zusammenleben mit Vögeln, die nicht gerade die Größe und Wehrhaftigkeit von Papageien besitzen, sei ausdrücklich gewarnt. In Tierzeitschriften tauchen zwar immer wieder rührende Bilder von Katzen auf, denen Vögel vertrauensvoll auf dem Kopf sitzen, aber das ist nicht die Regel!! Waldkatzen sind ausgezeichnete Jäger, und der Nachwuchs übt sich verblüffend schnell. Freifliegende Vögel werden früher oder später zur Beute, aber auch zwitschernde Käfigbewohner haben keine ruhige Minute mehr. Das aufgeregte Piepsen und Flattern ist ein ständiger Reiz für die Katze, und ihr angeborener Jagdtrieb läßt sich weder an- noch ab„gewöhnen" – er ist ein lebensnotwendiger Instinkt für jedes Raubtier, also auch für unseren samtpfötigen Dreikäsehoch. Den Vögeln tut man mit der ständigen Konfrontation auch keinen Gefallen, sondern setzt sie dauerndem Streß aus. Bevor die Natur also ihren (in unseren Augen grausamen) Lauf nimmt, treffen Sie die Entscheidung zwischen Vogel und Katze vorher – es ist sicherer.

Mäuse, Ratten, Hamster und Meerschweinchen sind für eine Waldkatze auch eher Spielzeug als Spielkamerad, aber solange sie keine freilaufenden Exemplare antrifft (und der Nagerkäfig schwer zugänglich ist oder in einem anderen geschlossenen Raum steht) ist die Gefahr nicht ganz so groß. Lassen Sie Ihre Waldkatze aber niemals mit dem Käfig allein! Schon ihr Spieltrieb ist oft heftiger, als es so ein Nagetier verkraften kann. Kaninchen haben schon halbwegs die Größe, die zumindest jungen Waldkatzen einen gewissen Respekt einflößt. Diese Achtung hält sich oft auch dann noch, wenn sie dem Langohr längst über den Kopf gewachsen ist, daher kann man Hasen und Waldkatzen, die miteinander großgeworden sind, normalerweise unter Beobachtung zusammen laufen lassen.

Trifft unsere Waldkatze unvermutet auf einen Hund, wird sie ihm mit Sicherheit nicht um den Hals fallen – schließlich riecht und „spricht" er völlig anders als alles, was sie bisher kennengelernt hat! Aber keine Angst – mit einem bißchen Fingerspitzengefühl von seiten der Besitzer (die wenigstens in der Eingewöhnungsphase von Hund und Katze möglichst immer präsent sein sollten) kommen Waldkatzen und Hunde bald recht gut miteinander aus. Man sollte dem Hund die Samtpfote als neues, schutzbedürftiges Rudelmitglied vorstellen – das

Hier spricht der Boss – E. Ch. Holgersson's Baschka (silbertabby classic) gibt den Ton an

Geschimpfe eines Welpen nimmt ein erwachsener Hund in der Regel sowieso nicht ernst. Einige meiner Jungtiere leben sogar mit Jagdhunden zusammen und haben sich glänzend arrangiert.

Nicht problematisch ist das im Zusammenhang mit Katzen oft zitierte Aquarium, sofern es eine Abdeckung besitzt. Sogar der „Fernseh"-Effekt läßt mit der Zeit nach, und schließlich wird es von der Katze kaum mehr wahrgenommen.

Das Leben mit Ihrem neuen Familienmitglied wird sich bald eingependelt haben. Wer nicht berufstätig ist oder zu Hause arbeitet, kann dem Waldkatzenkind viermal täglich kleinere Portionen des bewährten Futters anbieten, das entspricht dem noch kleinen Magen des Kätzchens besser, weil es ihn nie überlastet. Muß es den Tag ohne menschliche Gesellschaft verbringen, sollte die Futtermenge morgens so groß sein, daß es sich seine Mahlzeiten über den Tag selbst einteilen kann – keine optimale Lösung, aber akzeptabel. Bei dem Futter handelt es sich in der Regel um die bekannte Büchsennahrung, wer seiner Katze etwas Gutes tun möchte, kann in Blöcken tiefgefrorenen Fisch (am bequemsten in der Mikrowelle) dünsten oder Quark mit Eigelb als „Nachtisch" servieren. Natürlich wird auch ein entbeintes Suppenhuhn mit Freuden verzehrt, aber geben Sie dem kleinen Feinschmecker nicht zu oft nach – das nutzt er ganz schnell aus und verschmäht danach unter Umständen die „Alltagskost“ . . . Auch wenn es schwerfällt: Alle fetten oder scharf gewürzten Speisen für den menschlichen Gourmet sind für die Katze tabu. Manche Waldkatzen lieben es, Kohlenhydrate pur in Form von einigen Nudeln oder Brotstückchen zu naschen, und dagegen ist nichts einzuwenden, solange es sich in Maßen hält und nicht die Hauptmahlzeit darstellt. Noch erstaunlicher ist vielleicht die Vorliebe einiger Norwegischer Samtpfoten für Vegetarisches wie grünen Salat, Schlangengurken oder Erbsen. Unnötig zu sagen, daß das der Katze nicht schadet! Rohes Schweinefleisch dagegen kann zum Henkersmahl werden – hier lauert möglicherweise der Erreger der Aujezkyschen Krankheit (auch Pseudowut oder Schweinepest genannt), gegen den die Medizin bislang noch keine Handhabe gefunden hat. Die Infizierung ist gleichbedeutend mit dem Tode! Auch, wenn Kochen oder Braten den Erreger abtötet, ist es am sichersten, Schweinefleisch ganz von der Futterliste zu streichen.

Das gängige Trockenfutter ist nicht zu empfehlen, da es vor allem bei kastrierten Katern zu Harngries führen kann: Trockenfutter wird unter Entzug von Wasser hergestellt, und dieses Wasser muß die Katze zur Aufspaltung wieder zusetzen. Da die meisten Katzen aber keine „starken Trinker“ sind, geht das zu Lasten von Nieren und Blase. Harngries ist äußerst schmerzhaft und langwierig zu behandeln – wer einmal einen Kater mit Dauerkatheter für den Urinabfluß gesehen hat, wird dieses Jammerbild so schnell nicht vergessen! Eine Alternative wären amerikanische Trockenfuttersorten, die durch geringeren Anteil von Rohasche und Rohfasern bekömmlicher sind und keinen Farbstoff enthalten. Die meisten Rassekatzen kennen dieses Futter schon von Kindesbeinen an, da es von fast allen Züchtern eingesetzt wird. Diese Marken sind allerdings teuer und nicht überall zu haben, Infostände dieser Hersteller gibt es aber auf jeder Katzenausstellung.

Wer seiner Jungkatze im Alter von ungefähr fünf Monaten ins Mäulchen schaut, sieht möglicherweise „doppelt“: In dieser Zeit verlieren die Katzen-Teenager nach und nach ihr Milchgebiß. Da ein Raubtier als Beutegreifer immer auf seine Zähne angewiesen ist, dürfen keine Lücken entstehen, daher brechen die „richtigen“ Eckzähne neben den Milchzähnen durch, und für ein paar Tage verfügt der Minitiger tatsächlich über einen zweifachen Satz Fangzähne! Erst wenn das neue Gebiß so weit herangewachsen ist, daß es auch eingesetzt werden kann, fallen die Milchzähne aus – sie werden meistens verschluckt, ab und zu findet man sie auch wie kleine Elfenbeinhäkchen auf dem Teppich.

Ab dem sechsten Monat sollte man als Züchter ein wachsames Auge auf die jungen Waldkatzendamen haben. Auch wenn sie noch nicht zu den Erwachsenen zählen – es sind auch keine Kinder mehr, und in manchem Katzenmädchen erwacht das Interesse am anderen Geschlecht unerwartet früh! Solange kein liebestrunkener Kater in der Nähe ist, bleibt der mehr oder weniger laute Ruf der von Sehnsucht geplagten Kätzin zwar ohne Folgen, sollte aber von Ihnen vermerkt, vielleicht sogar notiert werden. Die erste Rolligkeit kann speziell Norwegerinnen schon mit den erwähnten sechs Monaten überraschen, und das ist natürlich noch lange kein Alter zum Kastrieren. Andererseits ist es auch keine Lösung, die Katzendame nur sich selbst zu überlassen – Rolligkeiten verschwinden nicht von allein, sondern kehren vor allem im Frühjahr und im Herbst in immer kürzer werdenden Abständen wieder. Abgesehen von der Geräuschkulisse (Waldkätzinnen sind nicht sehr laut, aber ausdauernd) kann das auch der Gesundheit der Katze abträglich sein, denn jede Rolligkeit zehrt an ihrer Kondition. Die Gefahr der Dauerrolligkeit, eventuell sogar verbunden mit einer Gebärmutterentzündung, und von Unsauberkeit (manche rolligen Kätzinnen stehen den Katern im Markieren um nichts nach) ist ständig gegeben. Was also tun?

Zur Verschiebung der Rolligkeit stehen dem Tierarzt Hormonpräparate in Tablettenform zur Verfügung. Obwohl es immer auch Veterinäre gibt, die diese Methode eher ablehnen, hat sie sich vor allem in der züchterischen Praxis bewährt. Wichtig ist, daß diese „Pille für die Katze“ regelmäßig und genau nach Vorschrift gegeben wird. Sie ist auch keine Dauerlösung, eignet sich aber hervorragend dazu, einer Zuchtkätzin zu der nötigen Ruhepause zwischen den Würfen zu verhelfen, und ermöglicht allzu frühreifen Kätzchen, vor der Kastration erwachsen zu werden. Auch für die männliche Gegenseite kann der Paarungstrieb unversehens „akut“ werden: Hier soll die Hormongabe nicht nur zu frühes Decken, sondern vor allem die selbstbewußte Markierung des Reviers mit penetrant riechendem Urin verhindern . . .

Sowohl bei Katern als auch bei Kätzinnen ist es wünschenswert, die Kastration bis zum ersten Geburtstag hinauszuzögern. Gerade Waldkatzen entwickeln sich langsam und haben auch mit einem Jahr noch nicht ihre endgültige Statur erreicht. Immerhin sind sie dann aber physisch schon so weit, daß ihnen in aller Regel auch nach der Kastration ein proportionierter Körperbau erhalten bleibt.

Norwegische Waldkatzen sind robuste Naturen, aber auch sie bleiben nicht von Krankheiten verschont. Ich möchte Ihnen gleich zu Anfang mein Motto „lieber einmal zu oft zum Tierarzt als einmal zu wenig“ ans Herz legen. Durch das enge Zusammenleben mit seinen Samtpfoten bekommt man bald einen Blick dafür, ob sich der Stubentiger den Magen verdorben hat oder ob ernstere Komplikationen drohen. Für die kleinen Wehwehchen des Alltags gibt es einige Tips (und es lohnt immer, sich auch die Methoden anderer Katzenbesitzer anzuhören, denn man lernt tatsächlich nie aus!):

Ohne Erbrechen und Durchfall bagatellisieren zu wollen, sollte man zunächst nach den häufigsten und zugleich harmlosesten Ursachen forschen. Verschluckte Haare, die sich im Magen zu Ballen formen und ausgewürgt werden, zu kaltes oder zu hastig und unzerkleinert verschlungenes Futter sind oft Auslöser für unschöne Hinterlassenschaften auf dem Teppich. Durchfall kann durch Futterumstellung, aber auch durch Würmer entstehen. Letztere sind, einmal erkannt, relativ leicht durch Pasten, Tabletten und Spritzen zu bekämpfen, achten Sie deshalb bei den Ausscheidungen Ihrer Katze auf entsprechende Spuren. Bandwurmglieder ähneln Reiskörnern, und auch die anderen Formen sind meist mit bloßem Auge zu erkennen. Der Tierarzt wird bei Wurmverdacht aber auch ohne ein beweisendes „Corpus delicti“ vorbeugend behandeln. Unabhängig von tatsächlichen Durchfällen sollten alle Katzen zweimal jährlich entwurmt werden, damit die Plagegeister gar nicht erst seßhaft werden. Beachten Sie auch, daß bestimmte Nahrungsmittel wie rohes Eigelb, rohe Leber und Fett in jeder Form abführend wirken. Gekocht können Eigelb und Leber dagegen zu Verstopfungen führen. In jedem Fall kommen Sie nicht umhin, Kot bzw. Erbrochenes näher zu untersuchen, es gibt Ihnen (und dem Tierarzt) Aufschluß über den Grund des Verdauungsproblems Ihrer Katze.

Wiederholtes Kratzen am Kopf, besonders an den Ohren, könnte ein Hinweis auf Ohrmilben sein. Auch hier ist schnelle Hilfe durch Pasten und Lösungen möglich, die in die Ohrmuscheln geträufelt werden und die Schmarotzer abtöten. Milben kann man leicht an dunklen, wachsartigen Krusten erkennen, die die Gehörgänge verschmutzen und oft schon von außen zu sehen sind. So wirksam die Behandlung auch ist, so gefährlich werden Ohrmilben, wenn man sie ignoriert – sie fressen sich nicht nur tiefer in das Innenohr und verursachen schmerzhafte Entzündungen, sie können sogar den Gleichgewichtssinn beeinträchtigen.

Jede Form von schorfiger Hautveränderung gehört schnellstmöglich in die Hände des Tierarztes. Vielleicht ist es nur eine alte Aufschürfung, möglicherweise verbirgt sich aber auch ein Hautpilz dahinter. Dessen Behandlung eilt sehr, weil er auf Menschen übertragbar ist und seine Sporen schon wochenlang streut, bevor der erste Grind sichtbar wird. Behandelt wird er (meist erfolgreich, aber langwierig) mit Bädern und Tabletten, außerdem ist ständiges Desinfizieren von Wohnung, Kleidung und Händen unumgänglich.

Die bekanntesten und vergleichsweise harmlosesten Parasiten sind sicher Flöhe. Als Bandwurmüberträger darf man sie allerdings nicht unterschätzen und sollte so früh wie möglich gegen sie vorgehen. Noch bevor sich der Katzenfloh (der auch an manchen Menschen Geschmack findet) selbst zeigt, fallen seine Ausscheidungen auf: Kleine, kommaförmige, schwarze Krümel aus geronnenem Blut, die aus dem Fell der Katze rieseln. Gegen Flöhe gibt es wirksame Sprays und Puder, wichtig ist, daß nicht nur die Katze, sondern die ganze Wohnung behandelt wird.

Eine akut erkrankte Katze ist leicht zu erkennen: Oft bedeckt das dritte Augenlid einen Teil der Augen, die Katze ist teilnahmslos, frißt und, schlimmer noch, trinkt nicht, magert ab. Tränende, verklebte Augen und laufende Nase weisen auf Erkältungen hin und gehören auch in tierärztliche Obhut. Wer seine Tiere täglich beobachtet, bemerkt ein solch abweichendes Verhalten sofort, und ein vorsorglicher Besuch beim Tierarzt ist immer eine gute Entscheidung.

Tips für den angehenden Züchter

Der Wunsch, „einmal" einen Wurf aufzuziehen und die Entwicklung der jungen Waldkatzen vom hilflosen Säugling bis zum Katzen-Teenager mitzuerleben, erwacht beim Anblick der drolligen Temperamentsbündel oft von ganz allein. Sicher haben viele der heute langjährigen Züchter mit diesem „einen Mal" angefangen und sind von der so verblüffend fürsorglichen, zauberhaften Katzenkinderstube nicht mehr losgekommen.

Sie haben auch schon mit dem Gedanken gespielt? Das ist nur zu verständlich! Keinesfalls aber möchte ich Ihnen verschweigen, daß die optimale Aufzucht eines Wurfes – gleich welcher Rasse – nicht nur entzückendes Spiel, sondern auch Mühen und unangenehme Arbeiten mit sich bringt. Auch der Zeitaufwand ist nicht zu unterschätzen, und schließlich wird der Geldbeutel spürbar geschröpft, will man die bestmöglichen Startbedingungen für den jungen Katzenadel schaffen.

Fünf auf einen Streich – rot-weißer Wurf av Takeskog

Wer von Anfang an Nachwuchs plant, sollte sich den Grundsatz „nur das Beste ist gut genug“ zu Herzen nehmen. Da sich für den Neuling meistens erst einmal alle Waldkatzen (und oft auch noch deren verwandte Rassen) sehr ähnlich sehen, lohnt es sich immer, das Auge zu schulen, indem man sich so viele Katzen wie möglich ansieht und miteinander vergleicht. Besuchen Sie jede Katzenausstellung, die Sie erreichen können und fragen Sie Züchter nach unverbindlichen „Schnupperbesuchen“. Leute, die echtes Interesse zeigen und die nötige Geduld aufbringen, um nach reiflicher Überlegung vielleicht sogar auf eine bestimmte Verpaarung zu warten, werden immer gern gesehen.

Im Gespräch mit aufgeschlossenen Züchtern erfährt man oft mehr als aus jedem Buch. Wenn Ihnen etwas unklar sein sollte, haken Sie ruhig nach! Niemand kann alles wissen. Jeder Züchter hat einmal klein angefangen und war froh, wenn sich jemand die Zeit nahm, seine Frage geradeheraus zu beantworten.

Hier als kleine Hilfestellung die Punkte, die es bei der Besichtigung eines Zwingers zu beachten gilt:

- Wie verhalten sich die Katzen den Menschen gegenüber?
  Sie sollten neugierig, dürfen reserviert sein, keinesfalls aber verschreckt oder aggressiv wirken. Jungkätzchen sind dabei gesondert zu betrachten – wenn sie vor fremden Menschen zunächst erschrocken fliehen, ist das eine normale Reaktion vor etwas Unbekanntem (vor allem, wenn im besagten Züchterhaushalt nicht viel Trubel herrscht). Hier sollten Sie eher mißtrauisch werden, wenn die Kleinen apathisch und teilnahmslos vor sich hinstarren und gar nicht auf den Besuch reagieren.
  Setzen Sie sich nur ungeniert auf den Boden (dann wirken Sie auch nicht so furchterregend groß) und spielen Sie vielleicht mit einem Bällchen, ohne das Jungvolk zu beachten – die jungen Waldkatzen werden vor Neugier platzen und ihre anfängliche Scheu drüber nach und nach vergessen.
- Wie steht es mit der Hygiene?
  Waldkatzenwolle, die in Flöckchen herumliegt, Kratzspuren an „Tabuzonen“ oder an den Pfoten hereingetragenes Katzenstreu sind Spuren des Alltags und kein Grund, den Züchter in Acht und Bann zu legen. Überquellende Katzentoiletten, ungepflegt wirkende Katzen, laufende Nasen, verklebte Augen und kotverkrustete Hinterteile aber sehr wohl!

– Was weiß der Züchter über seine Rasse?
  Jeder Züchter sollte die einfachsten genetischen Zusammenhänge erklären können, die Eltern seiner Katzen namentlich kennen, ohne im Stammbaum nachsehen zu müssen, und auch fähig sein, die Farben seiner Zucht und Jungtiere korrekt zu benennen. „Graugestreift“ oder „wildfarben“ sind keine Waldkatzenfarben, sondern züchterische Unbedarftheit. Haben Sie das Gefühl, daß der Züchter auf diese Grundkenntnisse keinen Wert legt, können die Katzen natürlich trotzdem charakterlich einwandfrei und wunderschön sein. Das allerdings ist dann Zufall, beziehungsweise der züchterischen Arbeit an vorangegangenen Generationen zu verdanken. Durchdachte Verpaarungen, konsequentes Hinarbeiten auf ein Zuchtziel aber sind so nicht möglich.

Daß Sie die Mutter Ihres zukünftigen Waldkätzchens kennenlernen, sollte selbstverständlich sein. Sie ist allerdings nur eine Seite der Medaille – fragen Sie auch nach dem Vater! Auch, wenn er nicht im selben Haushalt lebt (Katerhaltung ist ein schwieriges Kapitel, davon später mehr), wird Ihnen ein engagierter Züchter mit Sicherheit ein Foto von ihm zeigen können. Haben Sie das Glück, die ganze Katzenfamilie bei dem Züchter Ihrer Wahl anzutreffen, bitten Sie darum, sich auch den Erzeuger ansehen zu dürfen. Vielleicht wohnt er in einem speziellen Zimmer oder Gehege, aber eine verantwortungsvoll geführte Zucht kann auch diese Räumlichkeiten guten Gewissens vorzeigen.

Wenn Sie die Zucht gefunden haben, bei der Ihnen Mensch, Tier und Haltung gleichermaßen zusagen, sind Sie Ihrer Traumkatze ein gutes Stück näher gekommen.

Sagen Sie dem Züchter von Anfang an, daß ihre zukünftige Samtpfote selbst einmal möglichst typvolle Waldkatzenjunge bekommen soll und als Zuchtkätzin sicher auch Ausstellungen besuchen wird (schließlich ist es nicht unwichtig, wenn sich die Qualität der Mutter in Form von Titeln in den Stammbäumen der Kinder niederschlägt). Jeder seriöse Züchter wird sich bemühen, Ihnen ein typmäßig vielversprechendes Jungtier auszuwählen beziehungsweise das Baby Ihrer Wahl in Bezug auf seine spätere Karriere ehrlich zu beurteilen. Bitte bedenken Sie aber: Die perfekte Katze gibt es nicht! Und selbst wenn es sie gäbe, könnte sie im Abgabealter von zwölf Wochen kaum schon all ihre Qualitäten zeigen. Werden Sie daher mißtrauisch, wenn man Ihnen versichert, mit diesem oder jenem Tier würden Sie zweifellos

Baltimoor's Jeremy James hat eine klassische Bicolor-Weißverteilung (rotgestromt classic/weiß)

den Bühnenstar der nächsten Jahre kaufen! „Vielversprechend" oder „hoch veranlagt" sind schon eher Attribute, denen Sie Glauben schenken dürfen – sie bedeuten lediglich, daß sich die Katze bisher sehr gut entwickelt hat und, wenn sie dieses Niveau bei ihrem weiteren Wachstum beibehält, einmal zu einer exzellenten Vertreterin ihrer Rasse wird. Diese Perspektive sollte Ihnen Ihre zukünftige Zuchtkatze im Alter von drei Monaten bieten können. Was davon tatsächlich eintrifft, kann letztlich niemand vorhersehen – auch der Züchter nicht.

Vielleicht trauen Sie sich nun eine eigene Wahl zu? Es ist kein Hexenwerk, ein für sein Alter überdurchschnittliches Waldkätzchen zu erkennen: Seine Nase ist vielleicht ein bißchen länger und gerader als die seiner Geschwister, die Ohren fast schon unpassend groß, der Schwanz ein Stückchen länger als der der anderen. Wenn die Eltern mit beeindruckendem Fell aufwarten, die Kleinen aber statt flaumiger Babywolle nur ein paar einzelne, längere, wirr abstehende Haare vorweisen können, greifen Sie trotzdem zu: Diese langen Fusseln sind die ersten Ansätze von jenem leicht fettigen Deckhaar, das zu den wichtigsten Eigenschaften einer typvollen Waldkatze gehört. Steht Ihr Waldkatzenkind auf schlaksigen langen Beinen, die in unproportioniert dicken Teddypfoten enden – freuen Sie sich! Die Kleine scheint auf dem besten Wege, die gewünschte Hochbeinigkeit mit dem geforderten schweren Knochenbau zu verbinden. Bedenken Sie – Kopf und Rumpf wachsen meistens im Wechsel mit Ohren, Schwanz und anderen Gliedmaßen. Was jetzt noch viel zu groß wirkt, paßt bald ganz harmonisch zusammen. Wenn ein Baby mit zwölf Wochen schon perfekt proportioniert ist, kann es als erwachsene Katze Mängel wie zum Beispiel zu klein gebliebene Ohren oder einen zu kurzen Schwanz haben.

Genauso unstete Kapitel sind Farbe und Zeichnung einer heranwachsenden Waldkatze. Schwarze Norweger legen sich oft vorübergehend graue Unterwolle oder weiße Stichelhaare zu, Schildpatt-Kätzinnen lassen erst im Laufe von Monaten erkennen, wie groß ihr Rotanteil wirklich ist, und bei den Gestromten muß sowieso erst der Durchbruch des sogenannten „Tickings", also der hellen Bänderung der einzelnen Haare, mit etwa fünf Monaten abgewartet werden, damit man die Qualität der fertigen Zeichnung beurteilen kann. Noch nicht einmal der Farbton bleibt jeder Waldkatze von Kindesbeinen an erhalten! Wer so sicher wie möglich gehen will, achte schon bei der Auswahl des Jungtieres auf möglichst kräftige Farben. Die Chance, auch ein exzellent gefärbtes erwachsenes Tier zu behalten, ist relativ groß.

Daß gesunde Jungtiere darüber hinaus einen klaren Blick, sauberes Fell und – nach einer eventuellen ersten Schrecksekunde – neugieriges Interesse an ihrer Umwelt zeigen sollten, versteht sich von selbst.

Der Kaufpreis einer Norwegischen Waldkatze schwankt in Deutschland sehr. Er ist abhängig von der Farbe, dem Renommee des Züchters und der jeweiligen Region, da von Nord nach Süd ein starkes Preisgefälle herrscht. Gegenwärtig muß man für eine Waldkatze zwischen DM 700,– und DM 1500,– anlegen (in Extremfällen auch mehr), wobei sich Zucht- und Ausstellungstiere meistens jenseits der DM 1000-Grenze bewegen.

Bisher war nur von der Anschaffung einer Zuchtkätzin die Rede. Der zunächst „katerlose" Aufbau einer Zucht ist durchaus zu empfehlen, da Deckkaterhaltung mehr Raum, Geld und Toleranz erfordert, als man sich das als frischgebackener Züchter vorzustellen vermag. Deshalb eine eindringliche Warnung: Es ist nicht damit getan, einen Kater zu sich zu nehmen und zu hoffen, daß der natürliche Lauf der Dinge im eigenen Fall eine Ausnahme machen wird! Gehen Sie grundsätzlich davon aus, daß sich Ihr zukünftiger Stammvater nicht nur überraschend früh für die Damenwelt zu interessieren beginnt, sondern dies auch mit gezielten, unglaublich penetrant riechenden Urinmarken unterstreicht. Dabei ist ihm die Tapete so lieb wie das Sofa, die Gardine oder der antike Schreibtisch! Die direkte Folge solchen natürlichen Verhaltens ist oft die Verbannung des Katers in ein „Einzelappartement", das aber wiederum den ungehinderten und wichtigen Kontakt zu den Mitkatzen behindert und den zum menschlichen Gefährten auf das Minimum des Fütterns und Säuberns beschränkt. Aber auch weniger sprühfreudige Kater dürfen sich nicht unkontrolliert der Damenwelt hingeben – „Züchten" bedeutet im Gegensatz zu „Vermehren" gezielte Verpaarungen, von denen bestimmte Ergebnisse erwartet werden. Da die Satzungen der Vereine auch genau festlegen, wieviele Würfe eine Kätzin in welchem Zeitraum haben darf, werden die Dienste des Katers nur zu bestimmten Zeiten benötigt – meist pro Kätzin nur einmal jährlich. Der samtpfötige Liebhaber ist aber, im Gegensatz zur Katze, das ganze Jahr über zum Tête-à-Tête bereit, und in weniger gut überwachten Züchterhaushalten sind unfreiwillige Würfe nicht selten.

All diesen Schwierigkeiten können Sie aus dem Weg gehen, wenn Sie erst einmal auf den eigenen „Mann im Haus" verzichten und die Dienste eines Deckkaters in Anspruch nehmen, der fremden Damenbesuch empfangen darf. Sie finden ihn durch das Deckkaterverzeichnis Ihres Vereins (Katerbesitzer dürfen nur Katzen annehmen, die in einem der rund 30 deutschen Klubs registriert sind), durch Anzeigen in Fachblättern oder durch mündliche Empfehlung. Bitten Sie die Besitzer des Bräutigams in spe um eine Kopie seiner Ahnentafel, damit Sie seine Herkunft mit der Ihrer Katze vergleichen und zu enge Verwandtschaftsgrade vermeiden können. Rein äußerlich sollte er die eventuellen Schwächen Ihrer Kätzin ausgleichen, ein möglichst sanftes, friedfertiges Wesen ist allerdings genauso wichtig.

Die Gebühr, die für die Dienste eines Deckkaters zu entrichten ist, hängt unter anderem von den Titeln ab, die der erwählte „Liebhaber" errungen hat, von der Farbe, Abstammung und letztendlich von der persönlichen Einschätzung des Besitzers. Rechnen Sie mit DM 400,– bis DM 800,–, außerdem werden Impfungen gegen Katzenseuche, Katzenschnupfen und Tollwut gefordert. Ein negativer Leukose-Test mit eventuell danach erfolgter Impfung sowie weitere Bluttests auf Feline Infektiöse Peritonitis (FIP) und das sogenannte Katzen-Aids (FIV – Feline Immunideficiency Virus) können auch verlangt werden.

Je nach Verband liegt das Mindestalter für die Erstdeckung einer Kätzin bei zehn bis zwölf Monaten. Wenn Ihre zur Familiengründung ausersehene Katze alt genug ist, sollte sie schon ein bis zwei Rolligkeiten hinter sich haben, daher erkennen Sie sicher schon die ersten Anzeichen, das zunächst leise Gurren, das Reiben des Köpfchens auf dem Boden und schließlich das genüßliche Wälzen und Rollen, das der kätzischen Brunst ihren Namen gab.

Der dritte Tag der ungefähr einwöchigen Rolligkeit gilt als der günstigste für die Verpaarung. Waldkater sind normalerweise recht zärtliche und geschickte Liebhaber, die unerfahrene und daher vielleicht etwas spröde Kätzinnen gurrend und geduldig, aber sehr beharrlich umwerben. Der Katerbesitzer kann die vollzogene Deckung in der Regel leicht ausmachen, da die meisten Waldkatzendamen den gelungenen Akt mit einem durchdringenden, heiseren Schrei quittieren.

Wenn Sie Ihre Katze abholen, händigt Ihnen der Katerhalter eine von ihm unterschriebene sogenannte „Decknachweis-Bescheinigung" aus, die den Namen von Katze, Kater und das Datum der Deckung bestätigt. Führt der Kater einen Titel, benötigen Sie auch eine Kopie der entsprechenden Urkunde, damit der Vater der hoffentlich gezeugten Jungen mit dem ihm gebührenden Rang in die Ahnentafeln seiner Kinder eingetragen werden kann.

Nun beginnt eine spannende Zeit – frühestens drei Wochen nach dem Rendezvous schwellen die Zitzen der Kätzin leicht an und färben sich rosa oder rot. Ab der fünften Woche beginnt sich der Bauch sichtbar zu wölben, mit sieben Wochen sind die Bewegungen der Kleinen durch die Bauchdecke spürbar, und zum Ende der Tragzeit von etwa 64 Tagen hat die werdende Mutter durchschnittlich ein bis eineinhalb Kilo zugenommen. Bei Waldkatzen sind Würfe von drei bis sechs Jungtieren zu erwarten, meistens tendieren sie eher zu größeren als zu kleineren Nestern oder gar Einzelkindern.

Ein Waldkater in seinem Element: Europa Champion Timo von der kalten Drift (silbergestromt mackerel)

Der Richtwert von 64 Tagen kann mehrere Tage über- oder unterschritten werden. Ab dem 60. Tag empfiehlt es sich, die Kätzin auch nachts in Reichweite zu halten. In den letzten Wochen vor der Niederkunft sollte man ihr verschiedene Kisten, Kennel oder Körbe mit einigen Lagen Zeitungspapier und kochfesten Tüchern auspolstern und als Wurflager anbieten. Sicher wird sie eifrig darin scharren und „probesitzen", bis sie sich oft im letzten Moment für ein Bett entscheidet. Wichtig ist, daß sich die Katze an den Wänden mit Rücken und Beinen abstützen kann (das erleichtert die Austreibungsphase), und daß Sie gut an die werdende Mutter herankommen – deshalb sind enge Höhlen mit kleinen Einstiegsöffnungen denkbar ungeeignet.

Daß es ernst wird, geben die meisten Waldkatzen ihren Besitzern deutlich zu verstehen. Von den Wehen sind erst die Preßwehen sichtbar, sie laufen wie Wellen über den Leib der Kätzin. In den Pausen wird sie möglicherweise hecheln oder beruhigend schnurren. Es ist schwer, genaue Zeitangaben zu machen, denn jede Geburt verläuft anders, aber oft zeigt sich 45 bis 60 Minuten nach Einsatz der Preßwehen das erste Jungtier. Manchmal platzt kurz vorher die erste Fruchtblase, das Fruchtwasser ergießt sich in einem fast farblosen Schwall und macht den Geburtsweg geschmeidig. Neben der normalen Kopflage werden Katzen nicht selten mit den Hinterbeinen voran geboren. Da die Austreibung normalerweise mit zwei bis drei Wehen gelingt, ist diese Lage für die Kleinen nicht gefährlich. Schwierig wird es unter Umständen nur, wenn ein Baby in einer echten Steißlage, also Po voran und mit angezogenen Beinen im Geburtskanal steckt – hier hängt es von der Kätzin ab, ob sie kräftig genug gebaut ist, um das Kind in dieser Haltung auf die Welt zu bringen. Wenn nicht, muß der Tierarzt eingreifen.

Bis jetzt besteht Ihre Rolle aus beruhigendem Zuspruch und eventuell massierender Unterstützung der Wehen. Wenn das erste Baby geboren ist, werden es erfahrene Mütter mit rauher Zunge von der Fruchthülle befreien, trockenlecken und die Atmung anregen. Mit einer Nachwehe folgt die Nachgeburt, und indem die Kätzin sie frißt, durchtrennt sie auch die Nabelschnur. Sollte die Mutter aus Unerfahrenheit oder Aufregung diese Initiative nicht ergreifen, ist es an Ihnen, die Fruchthülle zu zerreißen und vor allem Nase und Mäulchen des Babys vom Schleim zu säubern. Danach muß die Nabelschnur etwa vier Zentimeter von der Bauchdecke mit dem Fingernagel blutleer gerieben und mit einer scharfen, desinfizierten Schere durchgeschnitten werden.

Neugeborene Kätzchen machen sich gleich auf die Suche nach der mütterlichen Zitze, an der sie sich festsaugen und von der sie erst ablassen, wenn sie völlig satt sind. Zwischen der Geburt der einzelnen Jungen können Minuten, aber auch Stunden liegen. Solange die Mutter einen ruhigen, zufriedenen Eindruck macht, klare Augen hat und ihre Kleinen versorgt, besteht noch kein Grund zur Besorgnis. Wer unsicher ist, ob alle Kinder geboren wurden und auch keine Nachgeburt zurückgeblieben ist, sollte die junge Familie so bald wie möglich dem Tierarzt vorstellen.

In den ersten Wochen sind die Kätzchen mit Saugen und Schlafen vollauf beschäftigt. Die Mutter regt in dieser Zeit durch Belecken die Verdauung an und nimmt auch die Ausscheidungen auf, um das Nest sauberzuhalten. Mit etwa zehn Tagen öffnen sich die Augen, mit drei Wochen brechen die Milchzähne durch. Schon jetzt kann man beginnen, die Kleinen für feste Nahrung zu interessieren. Der Übergang gelingt zum Beispiel mit einem Gemisch aus Quark, Eigelb und Traubenzucker oder Siebenkorn-Babybrei mit Büchsenmilch. Manche Junge kauen bald begeistert auf Schabefleischkügelchen mit Eigelb herum, andere wagen sich gleich an kleingedrücktes Feuchtfutter aus der Dose. Gleichzeitig muß man den Katzenkindern eine flache Schale mit Streu anbieten, denn mit dem Beginn der festen Nahrung nimmt die Kätzin die Ausscheidungen nicht mehr auf, und die jungen Katzen müssen lernen, die Kiste zu benutzen.

Mit acht Wochen ist es Zeit für die erste Impfung, die vier Wochen später wiederholt werden muß. Von den Vereinen wird meist eine Immunisierung gegen Katzenseuche und Katzenschnupfen vorgeschrieben. Die Impfungen gegen Tollwut und Leukose obliegen dem Züchter, der sich oft auch nach den Wünschen des zukünftigen Besitzers richtet.

Die Jungkatzen dürfen frühestens mit zwölf Wochen abgegeben werden, da die Immunisierung erst dann komplett abgeschlossen ist. Bis dahin hat die Rasselbande sicher einiges in Ihrem Haushalt durcheinander gebracht, aber vielleicht zählen Sie nach diesen drei Monaten auch zu den „Infizierten", die sich ein Leben ohne Katzenkinder nicht mehr vorstellen können!

No business like showbusiness . . .

Ausstellungen! Catshows! Für die einen lästige Pflichtübung, für die anderen Gelegenheit, Freunde und Bekannte wiederzutreffen und ein Wochenende bei anregender Fachsimpelei über die geliebten Samtpfoten zu verbringen. Nicht zu vergessen den Sekt für die Sieger!

Katzenausstellungen werden durchaus kontrovers diskutiert. Die Gegner halten sie für überflüssig, sogar für Tierquälerei: Da werden Katzen für ein bis zwei Tage in enge Käfige gesperrt, und das nur, um der Eitelkeit der Besitzer zu schmeicheln! Die Befürworter weisen darauf hin, daß die vierbeinigen Hauptdarsteller in der Regel alle Aufregung verschlafen, und unterstreichen den hohen Informationswert solcher Veranstaltungen: der Aussteller kann sich mit der Konkurrenz messen und die Qualität seiner eigenen Tiere besser einschätzen, der Besucher lernt die Vielfalt der Katzenrassen kennen und entdeckt oft in der reichhaltigen Palette für Futter und Zubehör einiges, was auch dem vielleicht weniger blaublütigen Stubentiger zu Hause Freude macht.

In der Praxis sollte jeder Katzenfan die Vor- und Nachteile eines doch recht anstrengenden Ausstellungswochenendes für sich und seine Katzen abwägen. Schließlich gibt es Tiere, die sich zitternd vor den neugierigen Blicken der interessierten Betrachter zu verbergen suchen, vor Nervosität erbrechen oder gar ihre Panik und Wut an der Einrichtung ihres Gefängnisses auslassen. Nicht jede Katze läßt sich geduldig von wildfremden Menschen herumtragen oder betasten, und manche setzt sich mit Zähnen und Krallen heftig zur Wehr.

Natürlich kann niemand hundertprozentig vorhersagen, ob Ihre Waldkatze ein über jede Aufregung erhabener Ausstellungsstar wird, aber man kann versuchen, einen Sprößling entsprechend gelassener, charakterfester Eltern zu erwerben. Fragen Sie den Züchter ruhig nach seinen Showerfahrungen mit den Elterntieren – da es sein Zwingername ist, den Sie auf den künftigen Ausstellungen publik machen werden, wird es in seinem eigenen Interesse liegen, ehrlich zu antworten und Ihnen bei der Auswahl eines mutmaßlichen Showcharakters zu helfen.

Unser Schwedenimport Klockargårdens Marion (schildpatt/weiß)

Sie selbst können das Katzenkind auch aktiv für seine bevorstehenden Auftritte vorbereiten. Gewöhnen Sie es von klein auf daran, herumgetragen zu werden. Bitten Sie Besucher (also für das Kätzchen fremde Menschen), es ebenfalls aufzunehmen und erst wieder abzusetzen, wenn es eine Weile ruhig auf dem Arm ausgehalten hat. Es soll darauf vertrauen, daß ihm in Menschenhänden nichts Böses passiert, damit es diese vorübergehende Einschränkung seines Bewegungsdranges zu akzeptieren lernt.

Trotz aller Vorbereitung zeigt es sich erst, wenn der große Tag der ersten Ausstellung gekommen ist, ob Sie sich nicht doch einen kleinen Angsthasen eingehandelt haben. Immerhin ist die Situation viel aufregender als in den heimischen vier Wänden: Lauter Menschen, Gerüche vieler fremder Katzen, Stimmengewirr. Sie können sich gratulieren, wenn Ihr Waldkätzchen trotz allem arglos und neugierig auf den

Richter zugeht (der bei Jungtieren nur halb so streng aussieht und nicht selten selbst ein bißchen mit dem hoffnungsvollen Nachwuchs spielt). Zwar kann sich dieses Benehmen mit zunehmendem Alter noch ändern (auch Katzen machen Erfahrungen, lernen daraus und werden unter Umständen vorsichtiger), aber vorerst sind die Weichen zu einem voraussichtlich reibungslosen Ausstellungsleben gestellt.

Sollte sich die oder der Kleine aber allen häuslichen Übungen zum Trotz ängstlich an der Tischplatte festklammern, Schwanz und Beine einziehen und am liebsten im berühmten Mauseloch verschwinden wollen – seien Sie nicht zu enttäuscht oder gar wütend auf den kleinen Hasenfuß! Nicht jeder genießt es gleichermaßen, im Rampenlicht zu stehen, und dieser erste Schreck muß das Kätzchen nicht unbedingt sein ganzes Leben begleiten. Vielleicht wird es sich nie voller Selbstvertrauen in Siegerpose auf dem Richtertisch recken, aber solange es sich darauf beschränkt, sicherheitshalber flach liegen zu bleiben, kann es dennoch problemlos gerichtet werden. Wenn sich die Katze allerdings bei jeder Ausstellung verzweifelter wehrt und schließlich disqualifiziert werden muß, sollte man sich ernsthaft überlegen, ob man dem Tier und sich selbst diesen unnötigen Streß zumuten muß. Außerdem ist es weder für die Richter, noch für die zutragenden Stewarts angenehm und manchmal tatsächlich gefährlich, eine rasende Katze zu bändigen!

Aber noch sind wir bei den Vorbereitungen. Damit Sie sich ein möglichst genaues Bild von den Vorgängen „hinter den Kulissen" machen können, werde ich den Ablauf einer Ausstellung Schritt für Schritt schildern – vom Ausfüllen des Anmeldeformulars bis zum (hoffentlich) großen Bühnenauftritt:

Um sich für die passende Ausstellung entscheiden zu können, benötigen Sie zunächst Hintergrundwissen über die Vereinslandschaft der Rassekatzenclubs. In Deutschland existieren unterschiedliche Verbände und Gruppierungen: Der 1. Deutsche Edelkatzenzüchter-Verband e.V. (kurz 1. DEKZV) ist der Dachorganisation FIFe (Féderation Internationale Féline) angeschlossen, die aus jedem Land nur einen Verband zuläßt. Die Mitglieder der FIFe-Vereine dürfen ausschließlich FIFe-Ausstellungen besuchen (das gilt auch für das Ausland). Die Deutsche Rassekatzen-Union e.V. (kurz DRU) ist der älteste und größte autonome Verband Deutschlands und erlaubt seinen Mitgliedern innerhalb des Geschäftsbereichs (also im Inland) ebenfalls nur die Teilnahme an DRU-Ausstellungen. Im Ausland ist der Besuch vieler unabhängiger Clubs freigestellt. Die dritte Gruppe besteht aus den sogenannten freien Verbänden, die oft regionale Schwerpunkte und überschaubarere Mitgliedszahlen haben und sich den gegenseitigen Ausstellungsbesuch sowie die Teilnahme an den Shows freier Vereine im Ausland gestatten.

Für die Teilnahme an einer Ausstellung des 1. DEKZV oder der DRU ist der Beitritt zum Verein notwendig. Mit den Verbandszeitschriften werden Sie automatisch über die Termine der nächsten Shows informiert und erhalten die Anmeldeformulare. In vielen freien Verbänden ist es möglich, in die erste Ausstellung ohne feste Verbandszugehörigkeit hineinzuschnuppern. Deren Ausstellungstermine können Sie den im Zeitschriftenhandel erhältlichen Katzenmagazinen entnehmen, die Anmeldeformulare werden bei den dort angegebenen Geschäftsstellen angefordert. Die Meldegebühren sind von Verein zu Verein verschieden und schwanken zwischen DM 30,00 und DM 60,00 pro Katze. Die Zahlungsweise ist in der Regel auch auf den Formularen vermerkt. Alle Angaben, die in die Anmeldebögen einzutragen sind (wie Rasse, Geschlecht, Farbe, Geburtsdatum, Eltern, Züchter) finden Sie in der Ahnentafel Ihrer Waldkatze.

Damit ist der erste Schritt getan! Ein bis zwei Wochen vor der Ausstellung erhalten Sie eine Anmeldebestätigung, auf der auch die Nummer des Käfigs stehen wird, der für Sie reserviert wurde.

Sie fragen sich, wie so ein Käfig aussieht? In Deutschland hat er als Einzelkäfig bei fast allen Vereinen die Maße 70 × 70 × 70 cm. Für seine Dekoration benötigen Sie zweimal Vorhänge in den Maßen 70 × 70 cm (oder 140 × 70 cm, wenn Sie eine Art Faltenwurf haben möchten). Für die Rückseite, an der sich die Käfigtür befindet, können Sie zwei kleine Schals von 35 × 70 cm oder einen weiteren 70 × 70 cm-Vorhang mit einem ausreichend langen Schlitz in der Mitte nähen. Bei der Befestigung gibt es verschiedene Lösungen – ob Sie sich für Stoffschlaufen oder Gardinenhalter aus dem Campingbedarf entscheiden, die durch einen Hohlsaum gezogen werden und Häkchen an beiden Enden besitzen, richtet sich ganz nach Ihrer persönlichen Vorliebe. Der Stoff sollte einfarbig, nicht zu dünn und so knitterfrei wie möglich sein. Für die Farbe wählen Sie einen harmonischen Kontrast zur Fellfarbe Ihrer Katze, wenn Sie unsicher sind, können Sie sich immer an ihrer Augenfarbe orientieren.

Der Boden wird mit einem ebenfalls 70 × 70 cm großen Stück Teppich ausgelegt, von dem Flecken leicht zu entfernen sein sollten.

Mittlerweile bieten die Zubehörstände auf Ausstellungen praktische, waschbare Unterlagen in vielen Farben an, die plüschig wirken und recht klein zusammenfaltbar sind.

Jetzt benötigen Sie noch Futter- und Wassernäpfe sowie eine Toilettenschale samt Schaufel, die größenmäßig dem Käfig angepaßt sind. Diese Ausstellungstoilette finden Sie zusammen mit der Schaufel und allem nur denkbaren Spielzeug ebenfalls an den Verkaufsständen in der Ausstellungshalle – der normale Zoohandel ist auf solche Spezialwünsche oft nicht eingerichtet.

Wenn Sie einem eventuell empfindlichen Magen Ihrer Katze vorbeugen möchten, können Sie das gewohnte Futter und Wasser von zu Hause mitnehmen. Katzenstreu wird oft umsonst auf den Ausstellungen angeboten, wenn nicht, kann es normalerweise dort gekauft werden. Ebenfalls in Ihre Ausstellungstasche gehören Papier- und Handtücher, Müllbeutel, Trockenshampoo, Desinfektionsspray, Kamm, Bürste und Ihr eigener Proviant – Ausstellungen machen hungrig, und das Essen in und um die Halle kann teuer sein. Wer sich seines Sitzplatzes ganz sicher sein will, sollte sich auch einen Klappstuhl besorgen: Nicht jede Halle verfügt über entsprechende Sitzgelegenheiten.

Das Wichtigste aber sind die Anmeldebestätigung und der Impfpaß Ihrer Katze. Normalerweise sind Impfungen gegen Katzenseuche, Katzenschnupfen und Tollwut obligatorisch, letztere darf nicht jünger als 30 Tage und nicht älter als ein Jahr sein. Ohne gültigen Impfnachweis wird Ihnen der Eintritt zur Ausstellung verwehrt!

Sicher muß ich nicht ausdrücklich erwähnen, daß Ihre Katze weder Milben noch Flöhe zur Ausstellung mitbringen darf. Tränende oder verklebte Augen und schorfige Stellen im Fell muß der kontrollierende Tierarzt zur Sicherheit der anderen immer als ernstzunehmende Krankheitszeichen deuten und zum Anlaß nehmen, das betroffene Tier nach Hause zu schicken.

Eine Waldkatze benötigt in aller Regel keine spezielle Fellbehandlung vor Ausstellungen (ausgenommen vielleicht die weißen Norweger) – regelmäßiges Kämmen und Entfernen von etwaigen Knötchen sollte auch für den Hausgebrauch selbstverständlich sein. Auch die Kontrolle des sogenannten „Fettschwanzes“, der sich bei den meisten Katern, aber auch bei manchen Kätzinnen bildet, gehört zum Pflichtprogramm der normalen Fellpflege. „Fettschwanz“ ist die Bezeichnung für ein Phänomen, das mit einigen fettig-verklebten Strähnen an der

Schwanzwurzel beginnt und sich zu dicken, gelblich-braunen Talgablagerungen an den Haarwurzeln des gesamten Schwanzes steigern kann. Noch im Entstehen begriffen, kann man die betroffenen Stellen bis auf die Haut mit Trockenshampoo einreiben und nach einer kurzen Einwirkungszeit auskämmen. Hat sich der Talg aber schon wie eine Kruste auf die Haut gelegt, hilft nur noch ein Bad des Schwanzes mit einem milden, leicht entfettenden Shampoo. Übrigens: Den buschigen Schwanz einer Waldkatze sollte man nie auskämmen! Er wirkt am besten, wenn er an der Schwanzunterseite ein wenig mit dem Kamm gegen den Strich gezupft und dann aufgeschüttelt wird.

Einige Richter werten es als Zeichen von „schlechter Präsentation“ und „mangelnder Fellpflege“, wenn sich auch an Kragen, Brust und Bauch Strähnen bilden. Natürlich sind diese zottig wirkenden Strähnen typisch für den schwer herabfallenden Pelz einer Norwegischen Waldkatze (und für den Züchter daher geradezu erwünscht), andererseits ist es ärgerlich, mit dieser Begründung eine Siegeranwartschaft zu verlieren. Man kann ein wenig vorbeugen, indem man vor allem bei den Silbervarietäten und allen Katzen, die an diesen Stellen Weißschekkung haben, sparsam (!) Puder in das Fell reibt und es danach gründlich auskämmt.

Am Morgen des großen Tages geben Sie Ihrem angehenden Showstar nichts mehr zu fressen – er könnte es in der Aufregung bald wieder ausspucken. Falls Sie nicht gerade am Spätnachmittag drankommen, ist es empfehlenswert, mit der Fütterung bis nach dem Richten zu warten. Fahren Sie zeitig los, möglicherweise wird Sie am Eingang der Halle eine lange Schlange erwarten, schließlich muß jede einzelne Katze erst durch die Tierarztkontrolle. Wenn Sie den Kontrollstempel des Veterinärs auf Ihrer Anmeldebestätigung haben, geben Sie sie an den Veranstalter weiter. Sie bekommen dafür den Katalog, einen Aufkleber oder Sticker, der Sie als Teilnehmer ausweist und – je nach Verein – ein Bändchen mit der Käfignummer Ihrer Katze. Das soll sie später um den Hals tragen, damit Stewards und Richtern die Identifizierung der einzelnen Katzen leichter fällt.

Nachdem Sie Ihren Käfig gefunden, desinfiziert und dekoriert haben, lassen Sie Ihre Samtpfote darin Platz nehmen und studieren den Katalog. Er wird Ihnen zeigen, ob Sie direkte Konkurrenz zu erwarten haben oder Ihre Klasse allein bestreiten. Die Jüngsten dürfen bei den freien Vereinen noch in Mutters Obhut teilnehmen: Hier können in der Nestklasse ganze Würfe (mit mindestens drei Jungtieren) ab 10

Wochen an den Start gehen. Bei der DRU und dem 1. DEKZV gibt es diese Klasse nicht. Hier meldet man die Jungtiere erst in den Klassen 3 bis 6 und 6 bis 10 Monate. Viele freie Verbände erteilen auch hier sogenannte „Kitten- und Jugendchampionate“, bei dem 1. DEKZV und der DRU geht es erst ab der „Offenen Klasse“ um Titel. In dieser Offenen Klasse befinden sich alle Tiere, die älter als 10 Monate, unkastriert und noch ohne Titel sind (das Pendant für die kastrierten Katzen heißt folgerichtig „Kastratenklasse“). Drei sogenannte Siegeranwartschaften, genannt CAC (Certificat d'Aptitude au Championnat) bei unkastrierten und CAP (Certificat d'Aptitude au Premiorat) bei kastrierten Tieren führen zum Champion bzw. Premior. Jede Anwartschaft muß von einem anderen Richter unterzeichnet worden sein. Sollte innerhalb eines Titels ein Richter Ihre Katze mehrmals zur Beurteilung zugeteilt bekommen, müssen seine Richterberichte von einem anderen Halblanghaar- oder Allroundrichter gegengezeichnet werden.

Der Champion oder Premior ist nur die erste Sprosse auf der möglichen Karriereleiter Ihrer hoffnungsvollen Waldkatze: Drei weitere Siegeranwartschaften (CACIB = Certificat d'Aptitude au Championnat International de Beauté und für Kastraten CAPIB = Certificat d'Aptitude au Premiorat International de Beauté) führen zum Titel Internationaler Champion/Internationaler Premior. Bei vielen Vereinen muß eine bestimmte Anzahl dieser Anwartschaften im Ausland errungen werden, was auch für die noch folgenden Titel gilt. Der nächste Rang ist bei allen FIFe-Vereinen durch sechs, bei den anderen Clubs durch drei weitere sogenannte CAGCI (Certificat d'Aptitude au Grand Championnat International) bzw. CAGPI (Certificat d'Aptitude au Grand Premiorat International) zu erreichen und heißt Großer Internationaler Champion/Großer Internationaler Premior. Danach folgt der Titel Europa Champion/Europa Premior, für den die FIFe neun, die anderen Vereine mindestens drei Anwartschaften verlangen, die man CACE (Certificat d'Aptitude au Championnat d'Europe) bzw. CAPE (Certificat d'Aptitude au Premiorat d'Europe) nennt.

Wer sich auch auf diesem hohen Titel nicht ausruhen möchte, kann seine Katze in der höchsten Klasse melden, die es mittlerweile in wohl jedem Verein gibt – allerdings gehen hier die Titelbezeichnungen sehr auseinander: Der 1. DEKZV kürt Weltsieger, in der DRU kann man um den Grand Champion d'Europe konkurrieren, und auch die freien Vereine haben ihre eigenen „Königsklassen“. Da die Regeln zur

Erreichung dieser höchsten Titelehren von Verein zu Verein verschieden sind, will ich nicht näher darauf eingehen – die Geschäftsstellen der einzelnen Clubs werden Sie gern informieren.

Ist dieser höchste Lorbeer erreicht, kann man seine Katzen in der Ehrenklasse ausstellen, die zu keinen Titeln mehr führt, aber außer dem „Ehrenpreis" auch weiterhin Rassesiege und alle anderen Prämierungen auf der Bühne ermöglicht. In den FIFe-Vereinen gibt es für Katzen ab sieben Jahren die Veteranenklasse. Obwohl hier und da Stimmen laut werden, daß diese Klasse den Vereinen nur weitere Geldeinnahmen bescheren solle und man den alten Tieren doch lieber ein beschauliches Rentnerdasein ohne Ausstellungsstreß gönnen könne, gibt es auch gewichtige Argumente dafür: Zum einen dürften Katzen, für die Ausstellungen eine sichtliche Nervenbelastung darstellten, gar keine Shows zugemutet werden – gleich welchen Alters sie gerade sind. Zum anderen liefert der Vergleich der „alten Kämpen" mit den neuen Generationen einen lebendigen Nachweis züchterischer Arbeit, der sowohl positive als auch negative Entwicklungen eindrucksvoll aufzeigt. Ich freue mich immer, wenn ich die großen alten Damen und Herren der Waldkatzenwelt gesund und munter wiedersehe ...

In der Hauskatzenklasse ringen die rasselosen Samtpfoten um den ihnen gebührenden Pokal. Zwar ist diese Klasse meist nicht sehr groß, oft aber eine der beliebtesten beim Publikum. Gar nicht selten erobern hier prachtvolle Vertreter ihrer Art die Bühne, die ihren blaublütigen Vettern in puncto Schönheit um nichts nachstehen.

Die Bestimmungsklasse schließlich ermöglicht den Züchtern in den freien Vereinen ein richterliches Urteil über die Farbe ihres Nachwuchses, für den Fall, daß sie nicht eindeutig ausfällt. Und wer seine Katze wirklich nur zeigen und in keiner Weise bewerten lassen will, kann „außer Konkurrenz" melden.

Innerhalb der Titelklassen werden die Katzen nach Geschlecht und Farbe bzw. Farbgruppe getrennt gerichtet, das heißt, es gibt pro Klasse jede Anwartschaft je einmal für den besten Kater/Kastraten und für die beste Kätzin/Kastratin jeder einzelnen Farbe oder Gruppe.

Unabhängig von der Vergabe der Siegeranwartschaften erhalten die Katzen jeder Klasse eine Plazierung, die mit V (wie Vorzüglich) beziehungsweise Ex (wie Excellent) 1 beginnt und über V 2, 3, 4 bis zu einem V ohne Plazierung führt. Die nächste Abstufung heißt sg für sehr gut, danach gibt es noch g für gut. Die Bewertung „ziemlich gut" oder „befriedigend“ gibt es nicht mehr bei allen Vereinen. Theoretisch können auch sg- und g-Tiere plaziert werden, aber in der Praxis wird schon sg recht selten, die niedrigeren Bewertungen fast gar nicht ausgesprochen. Zu beachten ist, daß die V1-Kätzin/Kastratin oder der V1-Kater/Kastrat nicht automatisch auch die Siegeranwartschaft erhalten! Wenn der Richter diese Tiere für die Besten der Anwesenden hält, sie aber nicht für gut genug für eine Anwartschaft befindet, kann er ein „V1 ohne“ geben und die begehrte Siegeranwartschaft einbehalten.

Von jeder Farbe oder Farbgruppe kann der Richter einen „Rassebesten“ oder „Rassesieger“ wählen. Hier wird nicht auf Geschlecht oder Klasse geachtet, es gilt nur die Farbe und der Typ. Auch hier ist das Reglement von Verein zu Verein unterschiedlich: Während bei der DRU keine Mindestanzahl von Bewerbern für den Rassesieg vorgeschrieben ist, müssen bei den meisten anderen Vereinen mindestens drei Tiere derselben Farbe/Farbgruppe vorhanden sein. Viele freie Clubs ermöglichen die Wahl des Rassesiegers trotz zu geringer Anzahl von Kandidaten dennoch, indem sie alle anwesenden Katzen der jeweiligen Rasse zusammenfassen und den Rassesieger nicht mehr von der Farbe, sondern nur noch vom Typ abhängig machen.

Neben dem Rassesieger bestimmt der Richter durch die sogenannte Nomination (auch „Vorschlag Best genannt“), welche Tiere er für den besten Kater/Kastraten, die beste Kätzin/Kastratin oder die besten Jungtiere 3 bis 6 und 6 bis 10 Monate hält (oft werden die Jungtiere auch noch einmal nach Geschlecht getrennt). Bei der DRU ist für alle Katzen außer Jungtieren und Kastraten der Rassesieg eine Voraussetzung für die Nomination, die meisten anderen Vereine handhaben den Rassesieg unabhängig davon. Die Norwegische Waldkatze gehört zu der Gruppe der Semilanghaar-Rassen und muß für die Nomination mit Birma, Somali, Balinesen/Javanesen, Maine Coon, Türkisch Angora, Türkisch Van, Sibirischer Katze und Ragdoll konkurrieren (die FIFe-Vereine rechnen Balinesen/Javanesen und Somali allerdings zu deren kurzhaarigen Varianten Siam/Orientalen und Abessinier). Es ist also keineswegs selbstverständlich, daß es Waldkatzen sind, die um die Besten-Titel streiten!

Erst die Nomination sichert bei den meisten inländischen Vereinen einen Auftritt auf der Bühne (im Ausland wird auch diese wichtige Entscheidung oft schon unsichtbar im Richterraum getroffen). Auf diesem Podium sitzen dann alle Richter hinter einer Tischreihe und begutachten die von ihnen vorgeschlagenen Tiere vor den Augen des

Typvoller Nachwuchs aus Schweden: Morky's Kim (blacksmoke/weiß) und Kristian (silbertabby classic/weiß)

Publikums noch einmal – jetzt gilt es, sie mit den Favoriten der anderen Richter zu vergleichen und meist per Stimmzettel die Beste Katze/Kastratin, den besten Kater/Kastraten und die besten Jungtiere der drei großen Gruppen Langhaar, Semilanghaar und Kurzhaar zu wählen. Der Titel für das beste Tier jeder dieser Gruppen heißt „Best in Show", und aus den Best-in-Show-Gewinnern geht als Höhepunkt die „Best of Best", also die beste Katze der Ausstellung, hervor.

Doch zunächst fiebern Sie und Ihre hoffentlich gutgelaunte Waldkatze dem ersten Auftritt auf dem Richtertisch entgegen. Dem Katalog oder einem beiliegenden Blatt werden Sie entnehmen, welchem Richter Ihre Katze zugeteilt wurde. Oft ist es möglich, das Richten aus einer gewissen Entfernung zu beobachten, und so können Sie schon jetzt sehen, wie die Prozedur abläuft: Wenn Stewards vorhanden sind, werden die Katzen von ihren Käfigen abgeholt und auf den vorher desinfizierten Richtertisch gesetzt, sobald ihre Nummer an der Reihe ist. Ein guter Richter wird seine Hände zu Hilfe nehmen, um das Tier zu beurteilen – er hebt es hoch, um den Knochenbau abzuschätzen, streicht über den Kopf, um seine tatsächliche Form unter vielleicht kaschierendem Fell zu ertasten, prüft die Fellqualität und die Haarfarbe bis hinunter zur Haarwurzel. Danach schreibt er seine Bemerkungen in die Spalten des Richterbericht-Vordrucks und macht sich eventuell auf einem Extrablatt Notizen, falls er die Katze für höhere Ehren vorsehen möchte. Das alles dauert meist nur zwei bis fünf Minuten, je nachdem, wieviele Katzen zum Richten anstehen und wie entschlußfreudig der Richter ist. Vielleicht läßt er sich alle Katzen einer Farbe oder Farbgruppe nebeneinander zeigen, um den Rassesieger ausfindig zu machen, dann aber hat es Ihr Liebling vorerst überstanden. Viele Vereine gehen mehr und mehr dazu über, keine Stewards mehr einzuteilen, sondern die Besitzer selbst tragen zu lassen. In diesem Fall erhaschen Sie vielleicht einen Hinweis auf die richterliche Entscheidung, sonst aber beginnt nun der spannendste Teil – das Warten auf die Ergebnisse. Es ist immer ein gutes Zeichen, wenn Ihre Norwegerin im Laufe des Tages noch einmal zum Richter gerufen wird – wahrscheinlich zieht er sie in die engere Wahl für seine Nomination, und allein darauf können Sie schon sehr stolz sein.

Viele Vereine hängen vor der Verteilung der Richterberichte eine Liste aller Käfignummern aus, hinter denen die Ergebnisse der jeweiligen Insassen eingetragen werden – natürlich nur einschließlich Rassesieg, denn die Entscheidung über weitere Prämierungen fällt normalerweise ja erst auf der Bühne. Die Bühnenshow selbst beginnt meist gegen 16.00 Uhr, bei Zweitages-Ausstellungen erst am Nachmittag des zweiten Tages. Als Preise winken in Deutschland keine runden Summen, sondern bunte Schleifen und Pokale in den verschiedensten Formen und Größen. Wenn entsprechende Sponsoren gefunden werden konnten, sind auch ganz praktische Dinge zu gewinnen, wie Kuschelhöhlen, Kratzbäume oder Freßkörbe – für die Katz', versteht sich.

Ob Sie zu den glücklichen Ausstellungssiegern gehören, die sich auf der Bühne präsentieren dürfen, erfahren Sie je nach Verein auf verschiedene Weise – viele Clubs lassen die Käfignummern ausrufen, deren Insassen sich mit ihren Besitzern auf dem Podium einfinden sollen, andere informieren eher indirekt: Wenn Sie bei der Verteilung der Richterberichte nicht dabei sind, bedeutet das automatisch eine Nomination, denn dann müssen Sie sich die Urkunde zusammen mit Ihrer Katze von der Bühne abholen.

Obwohl so ein Bühnenauftritt nur wenige Minuten dauert, ist er für Besitzer und Züchter der so geehrten Katzen immer wieder etwas ganz Besonderes: Er bedeutet eine offizielle Anerkennung oft jahrelanger

Zuchtbemühungen, er heilt die vielleicht schmerzlichen Rückschläge, die es in jeder Zucht gibt, und macht die eigene Katze für einen kurzen Moment zum Nabel der Welt. Sicher, ein wenig stimmt das Wort vom „Jahrmarkt der Eitelkeiten" schon – aber wer einmal die Glückstränen gesehen hat, die ein vielleicht unerwarteter Sieg dem überraschten Besitzer in die Augen treibt, mag sich – und anderen – dieses bißchen Eitelkeit verzeihen.

Nach diesem großen Moment kann man allerdings nicht schleunigst zusammenpacken, um den Sieg zu Hause weiterzufeiern – denken Sie an die Zuschauer, die zwischen sechs und zehn Mark Eintritt bezahlt und Anspruch auf den Anblick aller Katzen bis zum Ende der Show gegen 18.00 Uhr haben. Früheres Verlassen der Halle kann vom Verein streng geahndet werden! Aber vielleicht haben Sie ja schon Bekanntschaften geschlossen, mit denen Sie auf den ersten Erfolg anstoßen und neue Ausstellungspläne schmieden können? Es macht wirklich Spaß, bei den kommenden Shows auf bekannte Gesichter zu stoßen und Neuigkeiten auszutauschen. Ich drücke Ihnen die Daumen für viele weitere Bühnenauftritte, aber ich wünsche Ihnen auch das Herz eines guten Verlierers. Vergessen Sie nie, daß Sie mit der Anmeldung automatisch das Richterurteil anerkannt haben – mit all seinen subjektiven Schwankungen. Die Welt wird nicht wegen eines „V 1 ohne" und noch nicht einmal wegen eines „sg" untergehen! Wichtig ist allein, daß Ihre Katze für Sie persönlich die Beste und Schönste der Welt bleibt, egal ob beim Nachbarn doppelt so viele Pokale im Schrank glänzen. Die Zuneigung eines Tieres zu seinen Menschen ist vorbehaltlos und lebenslang – wie könnte es begreifen, daß man seinen Wert in blechernen Symbolen mißt und die Liebe seines Besitzers von der Anzahl dieser Auszeichnungen abhängt? Was für ein Armutszeugnis würden wir uns damit ausstellen!

Catshows sollen den Katzenbesitzern Spaß machen und für die Samtpfoten so wenig Streß wie möglich bedeuten. Viele Vereine haben daher Mindestabstände von zwei bis drei Wochen zwischen zwei Veranstaltungen, die eingehalten werden müssen (andernfalls werden die vielleicht errungenen Siegeranwartschaften nicht anerkannt). Für mein Empfinden ist es keine Schande, vielleicht sogar zwei Jahre oder mehr für die Erlangung eines Europa-Champion-Titels zu benötigen, im Gegenteil – wer mit seinem Tier trotz allem Ausstellungsfieber so schonend und verantwortungsbewußt umgeht, verdient höchsten Respekt.

Eine ausdrucksvolle Lady aus Dänemark: Europa Champion Leonides Olivia (schildpatt/weiß)

Wer ist was? – Verwandte Rassen

Die Unterschiede zwischen den sogenannten „Waldkatzenrassen“ sind für Laien nicht so eindeutig, daß man sie mühelos zuordnen könnte. Seit nach der Öffnung des Ostens auch die Sibirische Katze ihren Weg in die westliche Ausstellungswelt gefunden hat, wird es sogar für Fachleute schwieriger, die Unterscheidungsmerkmale genau zu definieren. Ein Grund für die offensichtliche äußere Übereinstimmung ist sicher, daß sich Maine Coon, Norwegische Waldkatze und Sibirische Katze unter ähnlichen klimatischen Bedingungen entwickeln mußten: Alle hatten sowohl Nässe als auch Kälte zu überstehen, und so ist es nur logisch, daß Mutter Natur alle mit dem gleichen wasserabweisenden, wärmenden und doch pflegeleichten Pelz ausstattete. Welcher „Couleur“ die Vorfahren im einzelnen waren, wird sich weder bei den westlichen, noch bei der östlichen Variante genau zurückverfolgen lassen, fest steht aber, daß die Anhänger aller drei Rassen dem urtümlichen Charme dieser Naturburschen verfallen sind.

Die folgenden Kurzportraits erheben keinen Anspruch auf Vollständigkeit, sondern sind der Versuch, die sichtbarsten Unterschiede so verständlich wie möglich zu beschreiben. Züchter der betroffenen Rassen mögen mir verzeihen, wenn ich dabei nicht immer den buchstäblichen Formulierungen der Standards folgen sollte.

Maine Coon – die „Amerikanische Waldkatze“

Die Maine Coon hat eine lange Geschichte. Ihre Vorfahren müssen die vorher haus- und wildkatzenlose Neue Welt an Bord europäischer Schiffe erreicht haben. Wahrscheinlich gingen schon die Schiffskatzen der Wikinger mit ihren rauhen Herren an Land, und hier wird auch die Verwandtschaft mit der Norwegischen Waldkatze vermutet.

In Maine stellten Farmersfrauen schon 1830 ihre Katzen auf Jahrmärkten aus. Seit 1870 ist die Maine Coon als eigenständige Rasse anerkannt, und 1895 wurde eine Maine Coon „Best in Show“ auf einer Ausstellung in New Yorks Madison Square Garden. Zwar geriet sie vorübergehend in Vergessenheit, aber bis 1976 hatten schließlich alle

Verbände der USA die Maine Coon akzeptiert. Die Maine Coon gehört zu den größten bekannten Hauskatzenarten. Kater von sieben bis zehn Kilogramm Gewicht sind kein Märchen, die Kätzinnen sollen bei vier bis fünf Kilogramm liegen. Damit haben sie den durchschnittlichen Waldkatzen ein bis zwei Kilogramm voraus, in Extremfällen wird der Abstand auch größer. Auch die Maine Coon sollen einen langgestreckten Körper haben, stehen aber – im Gegensatz zur Norwegerin – vorne und hinten gleich hoch und vermitteln einen eher rechteckigen Umriß. Der Kopf einer Maine Coon muß zum mächtigen Körper passen und ist daher meist breiter als der einer Waldkatze. Vor allem die Schnauze wird, verglichen mit der leicht abgerundeten Spitze des Waldkatzendreiecks, viel stumpfer und regelrecht kantig gewünscht.

Während eine Waldkatze am ganzen Körper gleichlanges Fell haben darf, sollte das der Maine Coon kurz an den Schultern sein und in Abstufungen zu Bauch und Hosen hin länger werden. Der ausgeprägte Kragen einer Waldkatze gehört zum Standard, bei einer Maine Coon ist er zwar erwünscht, aber kein „Muß".

Sibirische Katze

Westlich des ehemaligen Eisernen Vorhangs betrat die Sibirische Katze erst 1989 die Ausstellungsszene, im Osten ist sie schon seit Jahrzehnten unter dem Namen „Sibirskaja Koschka" bekannt. Nach einigen Verwirrungen, die durch etliche verschiedene Standardvorlagen entstanden sind (die Sibirierin ist noch nicht von der FIFe anerkannt) hat man sich in den freien Verbänden Anfang 1991 auf eine einheitliche Fassung einigen können. Sie wurde zusammen mit russischen Fachleuten erarbeitet und soll nun auch als Maßstab auf internationaler Ebene dienen.

Verglichen mit der Norwegerin steht der kräftige, aber nur mäßig lange Körper der Sibirischen Katze nicht ganz so hoch auf den Beinen. Das Dreieck des Kopfes ist kürzer und stumpfer als das der Norwegischen Waldkatze, die Schnauze soll aber auch nicht die kantige Form der Maine Coon haben. Die Ohren werden nur mittelgroß verlangt und wirken damit kleiner als die der Waldkatze.

Die muskulöse, mittelgroße Sibirierin möchte man typmäßig zwischen Maine Coon und Norwegischer Waldkatze ansiedeln: nicht so mächtig und rechteckig wie ihre amerikanische Kollegin, aber auch nicht so hochbeinig und langnasig wie ihre skandinavische Verwandte.

Woher bekomme ich meine Waldkatze?

Auch wenn Rührung und Mitleid beim Anblick niedlicher Welpen nur schwer zu unterdrücken sind: Katzen und Hunde sollten niemals in Kaufhäusern oder Zoogeschäften erstanden werden! Meist wurden diese Jungtiere zu früh von der Mutter getrennt und haben viel zu wenig menschlichen Kontakt in diesem für die Prägung so wichtigen Alter. Das Infektionsrisiko ist nicht einschätzbar, und wenn Sie das neue Familienmitglied bezahlen, hat außer dem Züchter auch das Zoogeschäft daran verdient.

Seriöse Katzenvereine verbieten ihren Mitgliedern den Verkauf Ihres Nachwuchses an Tierhändler, bei Zuwiderhandlung folgt der sofortige Ausschluß des betreffenden Züchters. Wer aber in keinem Verband organisiert ist, erhält auch keine Papiere für seine Welpen – die sind aber wiederum nötig, um deren Rassereinheit zu beweisen und damit den Wert der Tiere zu erhöhen. Aus diesem Grund begegne ich den Stammbäumen solcher „Schaufensterwelpen“ mit einigem Mißtrauen. Gut geführte Zoogeschäfte haben ihre lebende Ware ohnehin längst auf Fische, Nager und Vögel beschränkt.

Die Norwegische Waldkatze ist bisher nicht allzu oft in Tierhandlungen anzutreffen, vielleicht, weil sie noch in relativ überschaubaren Zahlen gezüchtet wird und kein „Überschuß“ untergebracht werden muß. Leider besteht immer die Gefahr, daß ein findiger Zeitgenosse zum Beispiel Persermischlinge als „Waldkatzen ohne Papiere zum Sonderpreis“ anbietet. Verzichten Sie deshalb nie auf den Stammbaum ihrer zukünftigen Waldkatze, weil Sie vielleicht selbst keinen Wert darauf legen oder einiges Geld sparen wollen! Zwar gibt es ab und zu auch Waldkatzen mit tadelloser Kinderstube, deren Züchter nur eine feste Vereinszugehörigkeit ablehnen, also sogenannte „wilde“ Züchter sind. Wahrscheinlich sind diese Jungtiere um einiges billiger, aber bedenken Sie: Den Mitgliedern von Vereinen und Verbänden werden per Satzung strenge Bestimmungen hinsichtlich Haltung, Zucht und Verkauf auferlegt. Deren Mißachtung führt bis zum Ausschluß und oft auch zum Verlust des guten Rufes als Züchter. Schon deshalb wird man schwerlich Klagen unzufriedener Käufer riskieren. Nicht an Vereine gebundene Züchter handeln nach eigenem Gutdünken – hier haben Sie keinen Anspruch auf Bluttests, Impfungen oder Beratung, keine Sicherheit über die tatsächliche Abstammung und kaum Möglichkeiten zur Beschwerde. Oft liegt nicht einmal ein Kaufvertrag vor, was die Rechtslage noch undurchsichtiger macht.

In den letzten Jahren haben sich sowohl innerhalb als auch außerhalb der Vereine Interessengemeinschaften für die Norwegische Waldkatze gebildet. Alle bieten seriöse Jungtiervermittlung an und sind gern bereit, auch in Haltungsfragen zu beraten:

Anschriften, die Sie kennen sollten

Interessengemeinschaft Norwegische Waldkatzen im 1. DEKZV

Margarethe Leleithner
Adenauerstraße 12
97209 Veitshöchheim

Redaktion Waldkatzen-Post in der D.R.U.

Tanja Ehrhardt
Am Fußgraben 2
65597 Hünfelden

Hannelore Hoffmann
Bärenbachstraße 29
53506 Rech/Ahr

Unabhängige Interessengemeinschaft Norwegische Waldkatzen

Christine Paul
bei Familie Ihnen
Oldenburger Str. 51a
26316 Varel

Eric Marshall
Staffeläckerstraße 12
71272 Renningen

Freundschaftskreis Norwegische Waldkatzen

Sabine Jansen-Nöllenburg
Saarner Straße 471
45478 Mülheim/Ruhr

Weitere Anschriften

Bundesrepublik Deutschland

Anschriften von Vereinigungen von Katzenfreunden und Katzenzüchtern in alphabetischer Reihenfolge. (Diese Zusammenstellung des Verlages Paul Parey erhebt keinen Anspruch auf Vollständigkeit.)

Allgemeine Katzenfreunde
Rhein-Main e. V.
Bahnhofstraße 70
63329 Egelsbach

BEC – Berliner Edelkatzen-Club e. V.
Waldemar-Bonsels-Weg 24
22926 Ahrensburg

BKK – Bund für Katzenzucht und Katzenschutz e. V.
Eichenweg 4
31535 Neustadt

Berliner Pro Cat e. V.
General-Woyna-Straße 60
13403 Berlin

CATS – Verein der Katzenfreunde e. V.
Haasweg 6
61169 Friedberg

Deutsche Edelkatze e. V.
Hubertstraße 280
45307 Essen

1. DEKZV – Deutscher Edelkatzen-Züchterverband e. V.
Berliner Straße 19
35614 Aßlar

D.R.U. – Deutsche Rassekatzen-Union e. V.
Hauptstraße 56
56814 Landkern

DRV – Deutscher Rassekatzenverein e. V.
Körnerstraße 11
10785 Berlin

Edelkatzen-Verein
Bergisch Land e. V.
Am Hackland 12
42115 Wuppertal

Felina e. V.
Mariannenstraße 14
10999 Berlin

Felis Amicus e. V.
Hauptstraße 50
63110 Rodgau

GDK – Gemeinschaft der Katzenfreunde e. V.
Venloer Straße 156a
50672 Köln

Grand Prix – Verein für Rassekatzen e. V.
Hollerbornstraße 28
65197 Wiesbaden

KFG – Katzenfreunde Germania e. V.
Aloys-Ruppel-Straße 1
63517 Rodenbach

KVB – Katzen Verein Berolina e. V.
Schloßstraße 71
12165 Berlin

KVL – Katzenverein Leverkusen e. V.
Grunewaldstraße 14
51375 Leverkusen

RVDE – Regionalverband Deutscher Edelkatzenzüchter Nord e. V.
Sprengerteich 10
24220 Flintbek

RKC – Rheinischer Katzen Club e. V.
Dierather Weg 3
51061 Köln

Royal Cat Club e. V.
Gutenbergstraße 42
44139 Dortmund

Solitaire e. V.
Bahnhofstraße 10
67574 Osthofen

Internationale Dachverbände

Hier können die Anschriften aller Vereine und Verbände des europäischen und außereuropäischen Auslandes erfragt werden.

CFA – The Cat Fanciers Association inc.
1805 Atlantic Avenue,
P.O.Box 1005
Manasquan, New Jersey,
USA

FIFE – Federation Internationale Feline
Boerhaave Caan 23
5655 BB Eindhoven,
Niederlande

WCF – World Cat Federation
Hubertstraße 280
D-45307 Essen

Abruf von Ausstellungsterminen

Geliebte Katze
Das Magazin von ‚Ein Herz für Tiere'
Gong Verlag GmbH
Nordendstraße 64
80801 München

Katzen
Magazin für Katzen
Herausgeber: D.R.U. e. V.
Redaktion: Hauptstraße 56
56814 Landkern

Katzen Extra
Redaktion: Wagnerstraße 12
73728 Esslingen